古代史

間違いだらけの

宮崎正弘
Masahiro Miyazaki

育鵬社

「近代科学の目的は、私的なものを完全に排し、客観的な認識を得ることである。たとえこの理想にもとることがあっても、それは単なる一時的な不完全性にすぎないのだから、私たちはそれを取り除くよう頑張らねばならないということだ。しかし、もし暗黙的思考が知全体の構成要素であるとするなら、個人的な知識要素をすべて駆除しようという近代科学の理想は結局のところ、すべての知識の破壊を目指すことになる」（マイケル・ポランニー、高橋勇夫訳『暗黙知の次元』、ちくま学芸文庫）

目次

第四章　継体天皇はなぜ二十年も大和へ入れなかったのか

第五章　大化の改新から壬申の乱まで

第六章　藤原仲麻呂の乱（恵美押勝の乱）の鎮圧は唐風との絶縁に繋がった

◎装幀　小栗山雄司

プロローグ　歴史をなぜ科学と合理主義で解き明かそうとするのか

▲『古事記』に百年の空白

歴史とは物語である。科学や合理主義では解き明かせない世界である。

最古の史書『古事記』は古代人の夢と霊性と浪漫とをのびやかな和歌で繋ぎ、人々の郷愁、熱狂、国風を謳いあげた文学である。

『古事記』の完成は712年（和銅五年）だが、記述は推古天皇でぷつんと終幕し、以後の蘇我氏の専政や大化の改新、壬申の乱には一行も触れていない。

　具体的にみると推古天皇は五九一年に即位され、六二八年に崩御されているから（この間、日本の元号はない）、『古事記』成立まで崩御からも八十四年を閲《けみ》している。百年前の六一二年に遡ると、摂政の聖徳太子が大活躍していた時代であり、第四次遣隋使の派遣直後だ。推古天皇は聖徳太子に輔弼《ほひつ》されて赫々《かくかく》たる事績をあげていた。

　ところが『古事記』はそれまでを詳しく論じてきたのに、崇《す》峻《しゅん》天皇の条からは次のように簡略している（岩波文庫）。

「長谷部の若雀天皇（崇峻）、倉橋の芝垣宮に座しまして、天の下治らしめること、四歳なりき。壬子の歳の十一月十三日に帰りましき。御陵は倉崎の丘の上にある」

　原文わずか二行、崇峻天皇が蘇我馬子に暗殺された惨劇に触れていない。そして『古事記』の最終稿が推古天皇だが、次の三行でおしまい。聖徳太子の言及も業績もカットである。

　すなわち、

「豊御食炊屋比売命《とよみけかしきやひめのみこと》、小治田宮に座しまして天の下治らしめること、三十七歳なりき。戊子の年の三月十五日初丑の日に帰りましき。御陵は大野の岡の上にありしを、後に科長の大きな稜に遷しき」

推古天皇の全盛期から数えると百年後に『古事記』が成立したのだから、まさに「百年の空白」がある。

この歴史の空白は大いに謎である。蘇我氏の事績に触れたくなかった動機が考えられるが、あるいはちゃんと書かれたが、編集の最終段階でばっさり削除し、かわって天智・天武を賞賛する序文で代替させたのか。この解明は第四章に譲る。

日本では一九四六年に旧石器時代の岩宿遺跡が発見された。越後馬高の火焔土器の発見も、難波宮の再発見も個人の執念、その「古代への情熱」に支えられ、発見に人生を傾けた努力が実った。

戦前までの古代史研究は『日本書紀』が中心だった。この史書は天武天皇が発企し、散逸していた古文書など資料を収集し、藤原不比等が中心となって漢語に精通した学僧らを動員して編纂、七二〇年に完成した。

一方、『古事記』は江戸時代中期、本居宣長の再評価まで忘れ去られていた。

吉野に残る南朝の皇居跡

じつに千年もの間、『古事記』は顧みられなかったのだ。現在、最古の『古事記』写本とされるのは十四世紀に尾張の真福寺で書写された。脱線だが姫路の書写山は映画『ラストサムライ』のロケ地である。

幕末維新の志士を動かした熱狂の思想の根底には水戸学の攘夷論があった。その下敷きとなった根源の思想は『日本書紀』であり、北畠親房の『神皇正統記《じんのうしょうとうき》』であり、山鹿素行『中朝事実』であり、頼山陽の『日本政史』などだった。この流れが水戸光圀の『大日本史』となるが、南朝史観が基軸となって、すなわち徳川の学問が徳川幕府を爆破してしまうのである。

最近の歴史教科書は旧石器、縄文、弥生時代の説明をそこそこにして「古墳時代」を特記し、いきなり飛鳥から奈良時代へ飛ぶ。文献で確認できる資料を重視する。しかし歴史学が文献重視だけでは弊害が起こる。『古事記』が編まれる前の無文字時代に、日本人は多くの言葉、それも豊穣な語彙を用いて会話し、伝説を伝えた。豊かな言葉があった。言霊信仰があった。およそ一つの言語体系が成立するまでには二千年の時間を要する。言葉になってそれを文字にして記録しても現場の事情、心理、その人間が脳裏では何を具体的に考えていたかを完全に文字として表現することも難しい。

まして北畠親房はシナの書物の表現は荒っぽいと言った。

『増鏡』の著者がいみじくも言っている。

「おろかなる心や見えん増鏡　古き姿にたちはおよばで」

『増鏡』は神武以後を書いた『水鏡』、文徳天皇から後一条までの『大鏡』、後一条から高倉院までを綴った『今鏡』につぐいわゆる「四鏡」のひとつであり、歴史叙述の動機をこう述べるのだ。

「古代にみやびやかに、年のほどなど聞くも、めづらしき心もちして、かかる人こそ昔物語もすなれと、思い出出られて、まめやかに語らひつつ、昔の事の聞かまほしきままに、年のつもりたらん人もがなと思ひ給ふるに、嬉しきわざかん。」（岩波古典文学全集『神皇正統記、増鏡』）

「（文字を得た）飛鳥は近代である」（林房雄）。

しかしながら保守論壇の歴史論争さえ依然として皇国史観の残滓《ざんし》が一部尾を引き、すこし息苦しいと感じる人もいるだろう。戦前まで日本人のほとんどが神武肇《ちょうこく》国以来の「紀元は二千六百年」を信じていた。日本人の魂を揺さぶる神話に溢れていた。

神話とは霊性に支えられ、論理ではなくパトスで一貫する。古代人は太陽や山、川、森を巨大な神々の営みとして自然を信仰した。祈りがあった。祈祷師、預言師が現れ、形式化したが仏教が入ってくるまで教典もなければ宮司や巫女、祢宜《ねぎ》などの聖職者もいなかった。祈ることで人々は安寧を得て、幸せな生活をしていたのである。

▲シュリーマン、トロイア遺跡を発見

ツタンカーメンは英国人カーターが百年前に発見した。

ハインリッヒ・シュリーマンがトロイアの遺跡を発見した快挙は歴史教科書にも掲載されるほどに有名な話、小学校高学年生なら知っている。

トロイア戦争はホメーロスが『オデュッセイア』などの詩で謳ったように、「実際にあったに違いない」と少年時代のシュリーマンは考えた。発見してみせると幼き心に誓ったが、まず膨大な探検資金をつくる必要があった。

古代への熱狂と執念が往々にして遺物を発見する。旧石器時代の岩宿の発見は相沢忠洋の熱狂的な執念により結実した。

シュリーマンはアラビア語、ロシア語、ギリシア語など十数カ国語を操り、世界を旅した（幕末の日本にも来て旅行記を残した）。シュリーマンは大富豪となり、その私財をなげうって古代史の巨大な謎に挑戦した。それがトロイア遺跡の発見だった。

発掘は長期に亘ったが第九層が紀元前二千年前以上、第七層が紀元前一二〇〇年で戦争の遺物が次々と出土した。我が国の縄文中期である。『イーリアス』や『オデュッセイア』で読まれた詩文は真実を伝えていた。

それにしてもシュリーマンは潤沢な資金をいかにして調達したのか。コロンブスのように王家の支援があったのか。シュリーマンはドイツ人だが、ロシアの商都サンクトペテルブルクでインド藍を商い、巨万の富を得た。それらを考古学的興味から世紀の発掘に投じたのだ。紀伊國屋文左衛門のように巨富を吉原で散財したのも、ある意味、粋かもしれないが、シュリーマンは人類史への貢献という意味で高く評価すべきだ。

彼の父は火山の突然の爆発で消滅したポンペイの悲劇（日本でも薩摩の上野原縄文集落は火山灰に蔽《おお》われて消滅した）やホメーロスの詩を少年時代のシュリーマンに熱心に聞かせた。

「トロイアが破壊されて跡かたもなく地上から消えてしまったことを父から聞かされて、私は悲しい思いをした」（シュリーマン、関楠生訳『古代への情熱』、新潮文庫）

ホメーロスの詩を暗記していた（まるでドイツの稗田阿礼《ひえだのあれ》だ）、シュリーマンは実際の遺跡発掘中にも、「あちこち歩き回ってみると、至る所で島の地形が『オデュッセイア』の記述と一致することが確認できるように思われた。荒削りの巨大な石壁があると、エウマイオスの豚小屋の跡だと思い、海岸で鍾乳洞を見つければ、かのバイアーケス人が眠っているオデュッセウスを置いていった妖精の鍾乳洞だと思った」。

壺、土器、石像などが出てきたが、シュリーマンはこれらギリシア後期の出土品の、もっと下層の深い場所に目標を絞っていた。

「わたしの要求はきわめてつつましい。私は造形美術品をみつけようという期待を持っているわけではないのだ。私の発掘の唯一の目的は、はじめから、トロイアの都を発見することだけだった」

これらの記録は日本神話の実在性に多くの歴史ヒントを含む。

「西側から掘り進められた壕が、1873年5月、さまざまの環状囲壁を掘り抜いた後で、大きなペルガモス城壁の続きに行き当たった」と彼は感動の場面を描く。ついにトロイアの都が見つかった。「空想力豊かな少年時代の夢がこんなにも輝かしく実現された例はめったにあるものではない。発見者はかのホメーロスが歌った世界を長年の努力の末にいま手で掴んだ」（以上括弧内シュリーマン前掲書）

トルコの現地へ筆者も数年前に行った。すっかり観光地化し、古代の戦士の衣装をまとったガイドやら映画の撮影のような戦争の疑似実演もあった、俗化甚だしく「トロイの木馬」のレプリカは中の空洞に階段があって中二階へ登れた。

哲学者のマイケル・ポランニーは『暗黙知の次元』（高橋勇夫訳。ちくま学芸文庫）のなかで「私たちは言葉にできるより多くのことを知ることができる」として顔の識別を例に用いた。

「ある人の顔を知っているとき私たちはその顔を千人、いや百万人の中からでも見分けることが出来る。しかし、通常、私たちは、どのようにして自分が知っている顔を見分けるのか分からない。だからこうした認知の多くは言葉におきかえられないのだ」

▲菊花の匂う国家はどこへ行ったのか

恋闕《れんけつ》の意味も多くの国民は理解していた。愛国尊皇の心情は皇居の門にも恋焦がれるという意味である。五箇条の御誓文が日本の古代からの国のかたちを表すことも了解していた。天照大神《あまてらすおおみかみ》は天の安河原《やすがわら》に八百《やおよろず》の神をあつめ、ものごとを合議で決めた。神話時代から日本は民主主義だった。

戦後、価値観は転覆した。

「などて　すめろぎは　人となりたまいし」（三島由紀夫『英霊の聲』）となって天皇信仰は薄弱となった。神話は非科学的として退けられた。だからポランニーが予言したように「知識は破壊され」たのである。

天皇は祭祀王であって権力者ではない。国家国民の安寧と幸福を、代表して祈る存在である。

敗戦後、ＧＨＱの歴史洗脳という政策は歴史教科書に墨を塗らせ、「大東亜戦争」を「太平洋戦争」と呼べと強要された。まっとうな考え方をした人たちはＧＨＱという絶対権力によってパージされた。それまでの歴史教育は基本方針ごと否定された。国風は消え失せ、教育制度も司法も憲法までもがアメリカンとなり菊花の匂いがしない歴史教科書が代替した。

だから「間違いだらけの古代史」になる。

マッカーサーは日本人をキリスト教徒に改宗できると錯覚して米国から宣教師を数千人、日本に招き、聖書を無料配布し、神道指令を強要した。

しかしこれだけは日本人の精神が峻拒《しゅんきょ》した。神道は町々のお祭りの神輿《みこし》、村の鎮守、高層ビルを建てるときに地鎮祭を執り行い、新車を買えば交通安全を神社に祈願に行くように日常風景である。邑《むら》の共同体意識が神社のお祭り、神輿となって神から与えられた酒を酌み交わす。天皇は日本の祭祀王（プリースト・キング）である。

歴史の改竄《かいざん》をＧＨＱは指令し、尻馬に乗って左翼学者が嘴《くちばし》を挟んだ。あまつさえ中国と韓国が我が国の歴史教科書を事実上「検閲」するという内政干渉。「日支事変」は「日中戦争」、もしくは「十五年戦争」に呼び替えさせられ、正しい日本の歴史書は発禁処分とされた。古代史は謎だらけのまま放置された。このように価値観が紊乱《びんらん》し、錯綜した戦後の歴史否定がいまも強烈に尾を引いている。

歴史学界では左翼史家が大手をふって、『日本書紀』は「非科学的」と批判し、津田左右吉《そうきち》の「欠史八代」が代表するように神話否定に傾いた。民族のロマンを語った『古事記』はまったく教育現場では教えられなくなって「草花の匂ふ国家」（桶谷秀昭）は消えかけた。テレビしか見ないで、ものを考えない人が増えて「女系天皇」を待望する声が聞こえるようになった。歴史を冒涜《ぼうとく》していることにさえ気がつかない。

憲法学界は宮沢俊義、政治は丸山真男が学閥を形成し、反対する学者の主張を排斥したように日本の歴史学界でも左翼学者の猖獗《しょうけつ》が見られた。間違いだらけの歴史教科書は、日教組と教育委員会が左翼メディアの支援のもとで結束しているため、保守系の歴史教科書は採用校少なく霞んでいるのが現実である。

神話否定、伝説の軽視が戦後の日本人の精神の空白を形成した。

ある古事記研究学者はこう言う。

「ヤマト族のアイデンティティの部分を切り捨ててしまい、その結果、『古事記』研究は人々の心の中の日本文化の源への志向に応えることができなくなり、それが日本人一般の心の飢え、『心的空洞』をもたらす一つの原因になっている」（工藤隆『古事記の起源』、中公新書）

こうした戦後レジュームを克服しようとする動きがようやく現代日本に生まれた。そもそも歴史を科学で実証しようとするのは無理である。なぜすべてが科学的で実証主義でなければならないのか。

戦後の歴史論争で致命的な欠陥となったのは考古学、文化人類学も含む総合的な論考がすくないという視野狭窄《きょうさく》である。加えて重箱の隅をつつくマニアックな著作研究が主流となった。学閥の悪い影響も深い傷のように残った。古代史に関する一般書籍では奇論、珍論の洪水現象がある。

いわゆる戦後知識人は日本史には世界に誇るべきものは何もなく、歴史は短く、シナの影響を強く受けて、まるで外国の家来のようであったという書き方をなして祖国の風格を海の底まで貶めた。

国風を否定する。それゆえ筋違いの人物を英雄視したり、騎馬民族が征服したのだという奇論がまかり通った。吉備真備《きびのまきび》、菅原道真ら愛国者を軽視した。神功皇后もヤマトタケルもフィクションとされ、厩戸皇子《うまやどのみこ》（聖徳太子）が教科書から消されそうになった。戦後の歴史家の著作には、意図的なイデオロギー裁断による間違いが目立った。

しかし正気は蘇るのである。

きっかけは考古学の著しい急発展と夥《おびただ》しい遺跡の発見と発掘である。一九七〇年代から本格化し、これら考古学の新発見で歴史の修正が続いている。意表を突かれた、予期しなかったアングルから国風がよみがえったのだ。

考古学の急発展が戦後蔓延した「親シナ史観」を修正し、一部は書き直しを生んだ。文章は想像力と創造であると同時に改竄《かいざん》、宣伝が含まれる。シナの史書は明らかに政治宣伝が目的である。たとえば、松本清張の『清張通史（古代史疑）』（講談社刊、全六巻）を五日ほどかけて読んだが、致命的な間違いがあちこちに散見されるばかりか、ゾロアスターとペルシアの日本への影響の過大評価など個人的な興味と主観が強すぎる。松本清張や司馬遼太郎にアドバイスした歴史学者らは戦後の歴史論壇の主流派を形成した学閥重視組だった。逐一、名前をあげる必要はないが、歴史をマルクスで裁断し、ひたすら『日本書紀』否定の情念で動いたガクシャが目立った。

日本の史書は北畠親房、慈円、山鹿素行、本居宣長、新井白石、頼山陽ら江戸時代までにも相当なレベル（現代歴史学者より直感力は高い）にあった。戦後の歴史学者はこうした国風重視の日本の歴史家の意見を無視するか、軽視するか、あるいは批判した。

『古事記』の前に『天皇記』と『国紀』、『帝紀』（『国記』、『帝記』とも書く）があった。聖徳太子が編纂し、蘇我蝦夷が保管していた。ところが乙巳《いっし》の変（六四五年）で蘇我入鹿が斬られ、蝦夷自身も自宅に火を放って史書もろとも焼いてしまい、この世から消えた。だがこれらを記憶していたり、逸文をあつめての作業が行われた。

『古事記』は天武天皇が発企し、語り部の稗田阿礼《ひえだのあれい》が暗記し、それを太安万侶《おおのやすまろ》が編集した。基本となったのは一万年以上前から伝承された神話、逸話を組み合わせ、無文字の空間をみごとに補ったのは長い歳月を通じて着実に残っていた伝説が口伝で伝えられていたからである。そこには日本民族のアイデンティティがあった。意識するとしないとに拘わらず文化を守るという強固な意志が潜り込んでいたのだ。

村では人々を束ねる指導者を必要とし、村々の連合が形成されると指導者にはカリスマ性とシャーマニズムの霊的な神秘のパワー、預言する能力が必要となる。まつりごとにおいて祭祀が重要になる。権威を示威するための威信財が必要となり、琥珀《こはく》、翡翠《ひすい》などが重宝される。

やがて地域的な集落がもっと広域な連合に発展すれば「王」がでてくる（拙著『神武天皇「以前」』、育鵬社参照）。近畿豪族連合体の初代共同王が日向からやってきた神武天皇だった。

▲天皇の呼称は七世紀、それまでは「大王」

日本の統一を目指した大初瀬幼武命《おおはつせのわかたけのみこと》（ワカタケル＝第二十一代雄略天皇）あたりから「大王」と呼ばれた。大伴家持は「大君」と詠んだ（大王を「おおきみ」と呼んだ例もある）。

海ゆかば水漬《つ》く屍《かばね》　山ゆかば草むす屍
大君のへにこそ死なめ　かえりみはせじ

「日本」という国号と「天皇」は七世紀後半からで遣唐使が国書に日本国天皇と銘記して唐皇帝に拝謁したが則天武后は気にもしなかった。最初の元号「大化」は六四五年からだ。

長い長い無文字の伝承が蓄積され、初代天皇とされるカムヤマトイワレビコには八世紀に神武天皇という漢風の名前が与えられた。歴代天皇を漢風の諱《いみな》にしたのは皇族学者の淡海三船《おうみのみふね》である。淡海は壬申の乱で天武天皇側についたので以後、重宝された。

日本は唐風と国風が交錯し、和歌と並立して漢詩も盛んだった時代がある。

だが、あまりに外国文化に染まると、正気恢復という文化復元力が現れる。こうした類似パターンを繰り返した。最初の文化侵略（仏教の伝来）に対して伝統保守、文化防衛の闘いとしたのが物部守屋らだが、蘇我氏率いる帰化人集団に滅ぼされた。その蘇我一族の横暴に立ち上がったのが中大兄皇子（のちの天智天皇）、中臣鎌足らが加わった乙巳の変だった。

仏教伝来の五三八年から六四五年まで、およそ百年である。

神道は神仏混淆《こんこう》を是とし、天照大神は「大日如来」と書かれるようになった。神祇側の譲歩が百年かけてなされた。

天智天皇は白村江にやぶれた（当時のノモンハンで日本軍は勝ちはしなかったが負けてもいなかった。詳細は第二章にみる）。

新羅が侵攻してくるという軍事脅威が目の前にあって、太宰府に水城《みずき》を築城し、防衛の城塞を22カ所築いた。しかし天智亡き後の近江政権（大友皇子は明治時代になって弘文天皇を諡《おくりな》された）は親シナ派で占められ、この亡国政権を決死の覚悟で滅ぼしたのが大海人皇子《おおあまのみこ》（のちの天武天皇）が率いた壬申の乱だったのである。

『懐風藻《かいふうそう》』によれば大友皇子の周辺には百済から来た余自信《よじしん》ら夥しき百済官僚知識人が囲んでいた。おそらく漢詩の歌会がてら、彼らは頻《しき》りに新羅に軍を派遣せよと吹き込んでいた。実際に新羅派遣軍の構想は大友皇子の考えのなかにあった。

新羅を討てば唐が漁夫の利を得る。百済の回復はもはやなく日本の安全保障を考えるなら新羅の北方の脅威だった渤海と結び、唐とはつかず離れずで行けば良いと近江朝廷は考えなかった。

壬申の乱で日本の外交方針が変わった。このことに、もっと注目すべきではないか。

飛鳥浄原《きよみはら》に遷都した天武天皇は唐と断交を決行する（日唐関係の再開は三十年後）。この外交上の重大なターニングポイントを歴史学者はなぜ軽視するのか？

すなわち壬申の乱とは「文化防衛」の闘いだったのである。松本清張らがいう「皇統簒奪《さんだつ》」ではなかった。皇統簒奪なる言い分は基底にマルクス主義の階級史観がある。

天智天皇の実弟・天武天皇の詔は「まつりごとの要は軍事にあり」である。現代政治家はこの詔を拳々服膺《けんけんふくよう》せよ！

遣隋使、遣唐使の開始から廃止まで二百九十八年（途中三十年断絶）である。遣唐使など無益につき中止を建言した菅原道真は親シナ派らの策謀と讒言《ざんげん》で左遷され、次にシナと戦うのは元寇（鎌倉武士は強かった）、秀吉の朝鮮征伐、徳川のキリスト教禁止とつづく。切支丹・バテレンは秀吉の大軍事力をみて日本侵略を諦めた。続いて江戸時代の鎖国が二百年余。これにより日本文化の枠が完成した。

したがって戦後七十七年など、まだまだ正気回復の途次と考えれば良い。いずれ正当な歴史感覚が恢復するのである。

第一章　原日本人はどこから来たのか

▲旧石器時代の遺跡は一万カ所以上ある

古代史以前の先史時代、人類史の概括から始めたい。

ホモサピエンスの誕生は最新の研究で二十三万五千年前とされ、アフリカから欧州、中東からアジアへと流れ出た。アリューシャン列島を伝って北米から南米大陸へと流れたルートもあった。

その前に原人が存在した。ジャワ原人は一般的にピテカントロプスと言われ、百三十万年前に発生したという学説がある。当時、オランダ領だったインドネシアで一八九一年に骨が発見された。学界はほとんどが注目しなかった。日本でも一九三一年に明石原人が発見された。当時の学問的状況から興味を引かず、それほどの騒ぎにならなかった。

一九二一年に北京原人が発見されると、およそ六十八万年前と推定され、忘れられていたジャワ原人に再び注目が集まった。欧州で人類の元となったネアンデルタール人は三十一万年から八十万年前と測定された。北京原人は運送中の遭難事故で、明石原人は戦災で失われてしまった。

となると人類史、古代史以前の亜人類の最古は現時点でジャワ原人となる。

筆者はジャワ原人を見ようとインドネシアへ飛んだ。ジャカルタに次ぐ大都市ジョグジャカルタから鉄道で一時間ちょっと、ソロ駅に降りると、わっとタクシー運転手が集まってきた。値段交渉のあと、サンギランのジャワ原人博物館へ向かう。四十分ほどかかる。

正式名称は「サンギラン初期人類遺跡」。世界遺産だ。インドネシアでは学校見学を奨励しており、駐車場には大型バスがずらり。子供たちの見学者で混雑を極めていた。土産屋だけでも数十店舗。食堂もある。展示室は二十部屋ほどに分かれ、空調設備のある近代的な施設だ。この博物館のことを知らない日本人が多いだろうが、見学して筆者には随分と参考になった。

二〇二二年十月三日、スウェーデンのカロリンスカ研究所は「二〇二二年度のノーベル医学生理学賞」を独マックス・プランク進化人類学研究所のスバンテ・ペーボ博士に授与すると発表した。

ペーボは人類学にDNA解析の手法を取り入れ、人類進化理論に大胆な仮説を唱えた。その著作『ネアンデルタール人は私たちと交配した』は世界的ベストセラーとなった。

ダーウィンの進化論は猿人から人類への中間段階でネアンデルタール人など古人類と併存したという説だが、ペーボ理論では両者が交雑していたというのだ。

仮説に過ぎないとはいえ、画期的な「発見」だ。四万年前に絶滅したとされる「ネアンデルタール人」の骨からDNAを抽出し、ゲノム（全遺伝情報）を解読、現代人のゲノムにネアンデルタール人の遺伝子が一～四％受け継がれており、現代人の祖先は欧州ではネアンデルタール人と共存・交雑していたとした。

ネアンデルタール人の発見は一八五六年、ドイツである。従来、三十一万年前から八十万年前に生存したとされた。また現代人は新型コロナ感染症を重症化させる遺伝子もネアンデルタール人から受け継いでいるとする。

ネアンデルタール人の絶滅はアフリカからホモ・サピエンスとの交雑で、ネアンデルタール人に感染症が広がったとする「疫病化説」があるが、気象変動原因説が主流である。基本的にネアンデルタール人はホモ・サピエンスに近い能力を持っていて石器や洞窟壁画（スペインのマルトラビエソ洞窟、ラ・パシエガ洞窟の抽象的壁画はネアンデルタール人が描いたと推定されている）、貝殻アクセサリー、衣服を着用し、航海術にも長《た》けていたことなどが出土した遺物から判明した。

ロシア南部アルタイ山脈の洞窟遺跡（五万九千年ほど前の洞窟）から出土した十三人のネアンデルタール人の骨や歯からDNAを抽出し解読したところ、二人は父と十代の娘であることが分かった。ペーボ博士（独マックスプランク研究所）ら国際研究チームが英科学誌『ネーチャー』（二〇二二年十月二十日号）に発表した。同誌は世界的な科学生物医学雑誌で、日本人では南方熊楠が初めて寄稿し合計五十一本が掲載された（熊楠の英語論文集も翻訳出版されている）。ペーボ論文では十歳前後の男児と成人女性は孫と祖母か、あるいは甥、叔母の関係、またはいとこ同士の関係とみられる。ネアンデルタール人のＤＮＡ解読で家族や親族の関係が明らかになるのは初めてのことだ。

　このニュースで筆者は直感した。

『古事記』がいう、神代のウガヤフキアエズの子が人代のカムヤマトイワレビコに突然変異したのは、ネアンデルタール人とホモサピエンスは交配していたとする仮説が正しければ謎は解ける。

『古事記』でこの箇所はじつに神秘的に描かれている。

神武天皇（カムヤマトイワレビコ）の祖母にあたる「豊玉毘売《とよたまひめ》、自ら参出て白しく、妾は已に妊身めるを、今産む時に臨りぬ。こを念ふに、天つ神の御子は、海原に生むべからず。故、参出到つとまをしき（中略）。海辺の波限に鵜の羽を萱草にして、産屋をつくりき」

そして豊玉毘売《とよたまびめ》は夫（彦火火出見尊《ひこほほでみのみこと》）に「お産の現場を見るな」と要請したが、夫は見てしまった。

「八尋鮫になりて匍匐ひ委蛇《もこよ》ひき」

ウガヤフキアエズを祭る鵜土神宮（宮崎県）

鮫の化身だった。見られて恥を知る母親はウガヤフキアエズを産み置いて海原へ去った。

そのウガヤフキアエズ（天津日高日子波限建《あまつひこなぎさたけうが》鵜萱草葺不合命《やふきあえずのみこと》）が豊玉毘売の妹でウガヤフキアエズの乳母・玉依毘売命《たまよりひめのみこと》と結婚し、イツセ、イナヒ、ミケヌノ、そしてカムヤマトイワレビコの四兄弟を産んだ。イツセは神武東征に同行し紀国亀山で戦死し、イナヒ（稲氷）とミケヌノ（御毛沼）は『古事記』では次兄が「波の穂を跳みて常世国は渡りました。イナヒは海原に入りましき」となる。

生き残ったカムヤマトイワレビコが神武天皇として橿原《かしはら》に即位した。

この箇所を『日本書紀』でみると、過程はほぼ同じであり、肝心の神が人になった経過は、ウガヤフキアエズの母親が鮫の化身で大海原へ還ったという物語が、日本人の祖先誕生。すなわち天皇誕生という風に結びつけられている。

学説はや山のように存在するにしても、ホモサピエンスに突然変異したのではなく、交接したという大胆な仮説が、生き生きとしてこないだろうか？

神から人へ突然変異する神話は霊が乗り移ったのであって、記紀はそのことを鮫の化身に仮託したのである。ワニ説もあるが海へ還ったのだから鮫だろう。

▲日本人はどこから何時やって来たのか

さて神話はともかくとして、「原日本人」はどこから来たか？

国立歴史民俗博物館（佐倉市）の展示では、日本列島に旧石器人が到来したのは「三万七千年前」と明示されている。付帯文章に「まだ四万年前を証明する遺跡、遺物の発見はない」と付け加えられている。これが日本の公的な見解だ。

しかし「権威筋」は認めないけれども、出雲の砂原遺跡からは十二万年前の石器が、また岩手県遠野市の金取遺跡からは五万年以上前の石器が出現した。神奈川県相模原の田名向原遺跡（田名塩遺跡群のひとつ）からは能登真脇遺跡の土器に似たものが出土し、およそ二万年前の箱根の黒曜石や石器の石材は、神津島や信濃の茅野など遠き所からの交易品だったことが判明した。しかしこれらを多方面から証明する総合的な出土品が揃わない。したがって四万年前より以前の石器人が日本にいたという事実に対して学界の合意がない。

日本人の先祖は朝鮮半島を経由して中国から渡来し、文化、文明、稲作を運んだという間違った解釈が主流だった。この説が誤謬《ごびゅう》であったことはＤＮＡ鑑定でも裏付けられた。中国への「位負け外交」や、文化的な負い目を日本人が誤認するのは、出発点が間違いだからだ。その典型は稲作の由来である。

すでに五千年前の縄文中期から日本でコメは栽培されており稲作は逆に日本から朝鮮半島へ伝えられた可能性が高い。前方後円墳もあきらかに日本から朝鮮半島南部へ伝わった。任那は日本人租界で、今日で言う「大使館」があったと考えられる。だが歴史学界は中国、韓国への忖度《そんたく》でもあるのか、この説を認めようとはしない。

日本列島へのホモサピエンスの上陸はシベリア・ルート、南方からは海洋民族が島伝いに海流に乗って沖縄から九州南部へたどり着き、さらに黒潮に乗って伊豆の諸島、房総半島へ移住してきた。この南方の海洋民族が対馬から朝鮮半島の南部へも上陸した。

島崎藤村が謳った。「♪名も知らぬ遠き島より流れ着いた椰子の実ひとつ……」

日本最南端の与那国島は台湾へ一一〇キロ、那覇へ五〇〇キロ。つまり台湾の目の前であり、古代から交流、交易があった。

丸木舟で台湾東海岸から与那国島に黒潮を横切る実験航海が行われた。国立科学博物館の「3万年前の航海 徹底再現プロジェクト」が航海に成功し、古代人の来航を証明した。

「3～5万年前の旧石器時代には、台湾島にはすでに人類が住んでいた。台南市左鎮区で発見された2～3万年前の人骨は左鎮人と呼ばれている。7000年前に新石器時代が始まり、2000年前には鉄をつかった十三行文化が始まった」（福島香織『台湾に何が起きているのか』、PHP新書）

朝鮮半島との交流は弥生時代になると盛んになって夥しい渡来人が流入した。かれらは原日本人ではない。縄文時代の渡来と、弥生時代からの渡来人とは別だったが長い歳月の間に交接した。アイヌは十二世紀に北海道に漂着したオホーツク系狩猟族で、近代からの近視眼で見れば「先住民」かもしれないが、縄文人が原日本人である。アイヌが先住民というのは川を山と呼ぶような錯覚である。

大森貝塚発見のモース博士

近年の歴史学ではマンモスを追って北海道から東北へ移り住んだ狩猟民族は二万四千年前、海洋からのルートは三万五千年前と修正された。旧石器時代が日本に存在したことは一九四六年に「岩宿」が発見されて確認された。

つまりこういうことだ。戦後、急発展をとげた考古学は、あちこちに発見される古代遺跡と、その出土品の年代鑑定や識別の技術が革命的に進歩したことにより、古代史の学者の多くが総合的な眼で歴史を考察できるようになったのである。文書で判定してきた従来の古代史は大幅に修正される必要が生まれた。

地誌学から言えば、数万年前、シベリアから樺太（サハリン）と北海道は陸続きだった。比較的容易に日本列島に進入できた。地球的規模で火山活動があり、また六千五百年前から「縄文海進」といわれる海面上昇が起こった。したがって縄文中期遺跡は海抜一五メートル以上の段丘にある。津波を避け、また海に注ぎ込む川に近く森林資源にも恵まれた場所を石器時代、縄文時代の人々は体験的に本能的に選択した。ためしに東京近郊の遺跡発掘の場所をおさえてみると武蔵野、多摩、相模台、飛鳥山、野毛などの丘陵地である。モース博士の発見で有名な東京の大森貝塚も段丘に位置する。

日本に旧石器時代があった事実は戦後の歴史学界を震撼させた。学術界を揺らす超弩級《どきゅう》の地震だった。

一九七〇年代以後は発見ラッシュとなった。「日本旧石器学会」が二〇一〇年に集計したデータベース（『日本列島の旧石器時代遺跡』）に拠《よ》れば、日本国内には、じつに一万一五〇の旧石器時代の遺跡があることが分かった。ちなみに朝鮮半島では五〇カ所程度しか発見されていない。

なかでも三万五千年以上前の遺跡とされるのが、秋田県の「米ヶ森遺跡」、前述の岩宿（群馬県）、埼玉の「清河寺前原遺跡」、都内の「鈴木遺跡」と「武蔵台遺跡」、静岡の「土手上遺跡」、広島の「冠遺跡」、島根の「原田遺跡」、沖縄の「サキタリ洞遺跡」の九つが旧石器時代の遺跡である。炭素測定や埋蔵されていた出土品の解析から科学的に証明された。成田空港に近い墨古沢遺跡は三万四千年前で、右リストには入らない。

マルクス主義に立った歴史学者は口をつぐんだ。自分たちのウソがばれると懼《おそ》れ、かれらの反論も散見されたが、「引かれ者の小唄」のごとし。

考古学が書き換えられ、石器時代から鉄器、青銅器時代の歴史を世界同時進行で眺望すれば、日本は古くからの「先進文明国」だったことが分かる。

それも器具、土器、漆、翡翠《ひすい》、琥珀《こはく》、黒曜石などが利便性とともにその芸術性、装飾性を具備しており、アートにおいても「超先進的な芸術大国」だったのである。これらに古代人は神秘と霊性を表現したのである。

▲岩宿遺跡の発見から縄文時代の丸木舟作りと実験航海まで

一九四六年の岩宿の発見以来、考古学界では重要な遺跡の発見が続いた。画期的な遺跡がつぎつぎに発掘され従来の歴史学者は沈黙がちになる。

雨宮国広『ぼくは縄文大工』（平凡社）を読むと、世の中には真に奇特な人がいるとつくづく感心した。自ら縄文時代の皮服をまとい（風通りがよく過ごしやすい）、裸足で生活し（視力が良くなるという）、森へ分け入って雄勁《ゆうけい》な木々を選別し、電動鋸を使わず、わざわざ石斧を振るい、時間をかけて伐採し、縄文時代と同様な茅葺きの掘っ立て小屋を造った。雨宮大工は三内丸山遺跡より古い能登の真脇遺跡で竪穴住居を再現した。

つぎに丸木舟作りに挑んだ。杉を伐採し、石斧だけで作った、その丸木舟で三万五千年前に南方から日本に流れ着いた旧石器時代の海洋民族（原日本人）がたどった黒潮航路を実験航海し成功させた。

氷河期が終わりかけた時代、北海道と樺太と沿海州シベリアは陸続きだった。本州と四国と九州は繋がっていた。日本海はまさに湖のようで、津軽海峡は氷結すると渡河できた。対馬、壱岐も九州の一部（つまり陸続き）だった。朝鮮半島は目の前、「縄文海進」で海面が上昇するのは六千五百年から六千年前の縄文中期だから、それ以前に大陸や南海の島々から「原日本人」と呼ばれる人たちがやってきたのだ。いわゆる「倭種」は半島と日本を行き来していたわけで、したがって朝鮮半島南部にも倭人が夥しかった。『魏志倭人伝』のいう「倭人」とは日本と朝鮮半島南部にいた倭種を意味している。

マンモスを追ってシベリアから南下してきた原日本人は津軽海峡を渡河できた。それ以前の氷河期には恐竜がうようよと日本列島を這い回っていた。丹波から越前にかけての恐竜王国、福井市や丹波篠山の観光宣伝文句は「『恐竜王国』へようこそ」。福井選出の稲田朋美衆議院議員がしているマスクは恐竜のデザインではないか。南洋民族が丸木舟でやってきた航路の実験航海がなされ、証明されたことはみた。考古学、文化人類学の学説を実践で証明したのだから雨宮大工の日本史研究への貢献は多大である。

大工生活三十二年、自らを「縄文大工」と名乗る雨宮は、「一万年以上にわたる縄文人達の暮らしを想像すると、人間の暮らしを向上させようとする文化的意欲もなく一万年以上も創意工夫もせず、ただ単に雨風をしのぐための小屋で満足していた文化的レベルの低い野性的暮らしをしていた」と多くの日本人が縄文人を誤解してきたが実際はまったく違った、現代人より創造的な創意工夫をしていたと結論した。

筆者も全国の縄文時代、弥生時代の集落を見学し、実際に多くの遺跡で、現代人の類推による小屋のレプリカを見てきた。設計思想に問題があるとは言え、竪穴住居も、高床式小屋も当時の技術発展の足跡が見られる。雨宮縄文大工が「遺跡としては残らない人間の精神世界と、建物をつくる石器道具の能力、さらにその道具を使う人間の技術力を加味して想像すべき」と考えた。

とくに次の箇所に注目した。

「精神世界を知る手がかりは、縄文時代の暮らしの遺物にある。土器、石器、狩猟・採集の道具などの衣食住を得るものや、土偶や石棒などの祭祀道具、髪飾りや貝のブレスレット。動物の骨や、石や土でできたネックレスやイヤリングなどの装飾品を見れば、縄文人の暮らしぶりが浮かんでくる」（雨宮前掲書）

手工芸技術に優れ、創造的美意識を持っていた古代日本人は釘を使わない工法を知っていた。それらを石斧などで造成した。電動鋸もクレーンもトラックもブルドーザもない時代に、画期的な建築様式で快適な住まいをつくる深い知識があった。

竪穴式の縄文小屋は採光と風通し、保温もちゃんと考えられていた。ストーブもエアコンもない時代に縄文人は厳寒と猛暑に耐えて生き抜いた。

森林資源で深刻な問題は縄文時代から江戸時代まで多用された「栗の木が、昭和の植林政策で檜、杉、赤松、カラ松に代えられ」、栗は鉄道の枕木に転用された。「植林された針葉樹は戦後、安い輸入材に市場を奪われ、何十年も放置され（中略）根を深く広く張れずに上へ上へと伸びた針葉樹は自然災害に弱く、各地で山の崩落を興している」（雨宮前掲書）。

▲特産品を交易する「縄文商人」がいた

各地の縄文遺跡をめぐり資料館や博物館で展示品をみた限り、丸木舟がそっくりのかたちで出土した例はない。

丸木舟のかたちをとどめる展示は若狭《わかさ》三方《みかた》縄文博物館や東京都北区の飛鳥山博物館などにある。新潟市の「歴史博物館みなとぴあ」に丸木舟の展示があると聞いて見に行ったが、展示コーナーから倉庫に仕舞われたばかりで実物を見損なった。

縄文時代、丸木舟による交易は地域的な広がりをみせ、たとえば神津島の黒曜石が本土の数カ所の遺跡から、信濃の黒曜石が東北の遺跡から発掘され、岩手県久慈の琥珀や糸魚川の翡翠はあちこちで出土した。この意味は「縄文商人」の活躍があったこと、各地の特産品が広域にわたって運搬し交易されていたことを示す。岩手県東北部に位置する久慈は鯨から命名したとされ、また『古事記』にも鯨をみなで分け合った描写があり、生駒山で鯨の骨が出土したように古代人は鯨漁を行っていたのだ。


一九九九年に津軽半島の太平山元《おおだいやまもと》遺跡から一万六千五百年前の土器が出土した。この「大事件」も歴史教科書を塗り替えた。ただし土器の出土は日常的に食糧を加工していたことは分かったが、弓矢、石鏃《せきぞく》は発見されなかった。漁は小舟で、狩猟は罠を仕掛けていた。

縄文芸術でもある土偶は一万三千年前のものが三点見つかっており、縄文中期になると、祭祀の祭具として儀式に使われ、アニミズム的シャーマンが、原始的な祈りを捧げるときに土偶を用いたことが分かった。それも近年の研究成果である。岡本太郎は縄文時代の火焔土器をみて衝撃を受け、大阪万博会場に太陽の塔のデザインを思いつく。国宝となった縄文土偶は茅野《ちの》の縄文ヴィーナス、函館の中空土偶など五点がある。

薩摩の「上野原縄文の森」へ出向いた。国分に宿をとり、翌朝タクシーを呼んでもらった。これは上野原縄文集落（七千五百年前）の遺跡で、火山灰の段丘で発掘された。

イタリアのポンペイは火山の噴火、火砕流の犠牲となって地中に埋まった。この悲劇は世界史の教科書に出てくる。同様に火山活動によって滅びた古代文明が日本にあった。七千五百年前に栄えていた縄文人の「上野原遺跡」は、三内丸山（五千五百年前）より古い。この集落跡は鹿児島県霧島市国分で大規模に復元され、じつに立派な展示館が森の中にある。遺跡から九千五百年前から縄文人が住んでいたとされる竪穴住居跡が見つかった。集落はブナ、クヌギなど落葉広葉樹に囲まれていた。シラス台地の広大な敷地は国指定史跡として認定され、竪穴住居の復元がじつに五十二軒、三十九の調理施設の集石遺構、そして十六基の連穴土坑が発見された。有機的で、整合性の高い大集落が再現され、中心が祭りの広場、環状に祭器が出土した。

上野原の竪穴住居のたたずまいは青森の三内丸山とは少し異なり、防人《さきもり》の兜のようなかたちである。壷型土器、鉢形土器、石斧なども出土し重要文化財の指定を受けた。

発掘された土器には貝殻や縄による文様が施されている。森から収穫されるドングリ、胡桃《くるみ》をすり潰し加工し、貯蔵した。出土した石鏃、石皿、石の原板などから当時の生活の模様が伝わった。

また村のなかでの威信財として耳飾りやペンダント、腕輪などの原始的なアクセサリーが見つかり、集落に階層があったことを物語る。当時、縄文人は集団で狩猟にでた。猪や鹿を追い込んだ落とし穴、槍、石器、石弓なども付近から大量に出てきた。丸木舟を作っていたので船の原木や細工道具も九千五百年前から六千三百年前までの地層から出土した。上野原の縄文記念館の展示コーナー「地層観察館」には発掘後の盛土の下にアカホヤ火山灰の層があり、その下の地層から夥しい土器が出た。さらにそのずっと下の地層から一万千五百年前のサツマ火山灰層、さらに下が二万四千年前の始良《あいら》カルデラ噴出物となっている。縄文の文明が火山灰で埋まってしまったことを雄弁に物語るのだ。

現在の考古学ならびに地質学の発展によって鬼界カルデラの大爆発は六千三百年前、火山灰(アカホヤ火山灰)は遠く関西方面にまで飛翔した。どれほどの大噴火だったか、その火山灰の飛び散った範囲からも想定できるだろう。

火砕流は薩摩半島、大隅半島を埋め尽くし、上野原の文明は忽然と消えた。上野原縄文の森で筆者は一つの文明の突然の死を考えたのだった。

▲古代史を画期した二つの大発見――縄文期の水田跡。能登に真脇縄文遺跡

水田遺跡として著名な板付遺跡から縄文土器が出土した。

稲作が縄文時代から定着していたことが判明したのだ。この大発見は一九七八年だった。つい昨日の大事件、板付遺跡の水田跡には井戸、用水路、堰《せき》、取水溝、排水溝の設備があり、弥生時代になると環濠《かんごう》集落化していたことも考古学的に判明した。環濠集落とは防塁、防戦用の軍事砦を兼ねた。

「板付遺跡で水田稲作が始まってから百年ほどたったころ、北西約1キロメートルにある那珂遺跡で、環濠集落が出現する。環濠は二重」だった（藤尾慎一郎『日本の先史時代』、中公新書）

同様に付近の遺跡から石剣、石鏃など武器がでた。戦争が常態化した時代となっていた。

東北でも紀元前四世紀と測定された水田遺跡が発見された。弘前市の砂沢遺跡である。

筆者は高校時代の夏休みを利用して三週間ほど東日本をほっつき歩いたことがある。放浪癖

は中学生時代からで各地のユースホステルに泊まり歩き、北は北海道でアイヌ集落、青森でねぶた祭り、仙台で七夕祭り、三陸リアス式海岸も歩いた。学校の歴史では「登呂《とろ》遺跡」が日本最古と教わり、静岡へ行ったときは真っ先に登呂遺跡見学へ行った。昭和三十年代後半である。凄い人出があってわくわくしたものだった。

二年ほど前に登呂遺跡を改めて撮影に訪れたが、見学者がほとんどいない。閑散としており、資料館は近所の子供たちの学習塾風。駅からのバスで登呂遺跡（終点）まで乗っていたのは筆者一人だった。バスの運転手は「寂《さび》れてしもうて、観光客なんか来んで。ここ（登呂）以前の縄文遺跡がぎょうさん出てきたからね」と言った。

福岡板付遺跡の発見は一九五〇年だが、発掘は一九七〇年からだ。用水路と灌漑施設が発見され、縄文期に水田があったと分かったのは一九七八年と近年のこと。稲作が弥生時代に半島からもたらされたとした説は俄然、あやしくなった。

真脇《まわき》遺跡の発見は一九八〇年である。

能登半島は珠洲《すずし》市の手前が能登《のと》町、富山湾に面した入江からちょっと奥まった場所で、三方が段丘に囲まれた沖積層から真脇遺跡が忽然と現れた。

六千年前から二千三百年前まで、じつに三千七百年間、この真脇集落が継続した。というこ

能登半島で発掘された真脇遺跡のウッドサークル

とは三内丸山遺跡の三千五百年前から千五百年続いた例より古くて長い。筆者は石川県生まれだが、半世紀以上前に東京へでたので真脇遺跡のことは最近まで知らなかった。
五千年前の地層からイルカの骨が夥しくでた。それで真脇遺跡が「日本の漁業発祥の地」と言われる。遺跡の敷地内から集団墓地が発見されたのが二〇〇〇年で、加賀のチカモリ遺跡も一九八〇年から本格調査が開始された。共通は巨木を円形にくみ上げた祭壇ウッヅサークルである。
石器時代にはストーンサークルが斎場であり権威と権力を表した。縄文初期は巨木サークルが、古墳に匹敵する威信財であり、権力の象徴だった。出雲大社の高層建築は、この巨木を権威とした。

真脇縄文集落が三内丸山より長く続いたのは驚き以外のなにものでもない。また鳥のかたちをした土器、把手付きの土製ランプ、魚のかたちをした石製品等。ほかの遺跡にない遺物が大量にでた。このうちの二百十九点の出土品が重要文化財に指定された。

二〇二一年に「世界遺産」となった北海道、東北縄文遺跡群の代表格は三内丸山である。存在は江戸時代からそれとなく分かっており博物学者の菅江真澄《すがえますみ》（一七五四〜一八二九年）の旅日記にも三内丸山遺跡の場所に「ナニカアル」という意味のことを書いている（錦仁『なぜ和歌を詠むのか 菅江真澄の旅と地誌』、笠間書院などを参照）。

三内丸山遺跡の発見は一九七四年だった。本格的な発掘が決まると、予定していた野球場は別の場所に建設された。三内丸山遺跡は青森空港や新青森駅からも近いので、いまでは相当な人手がある。セミナー室も備わっていて一日いても飽きない施設である。

▲洞窟絵画、土偶、火炎土器など――縄文期には夥しいアーティストがいたのだ

日本史が画然と評価替えになるのは夥しい旧石器時代から縄文前期の遺跡の発見だった。

縄文遺跡の住居跡はたいがいが、竪穴式だが、洞窟住居跡が富山県氷見市大境《おおざかい》の白山神社裏手で発見された。この洞窟の発見は大正七年と古いのだが実証に手間取った。社殿改築工事

の現場で骨や土器が出土したため東大人類学研究室が本格的な調査を開始し、日本初の洞窟遺跡発掘となった。

同時に各地の縄文遺跡から出土した夥しい土器、土偶、火焔土器に象徴されるように、その芸術としての高いレベルにもっと留意すべきである。古代日本にアーティストが夥しかったという事実を！

洞窟絵画壁画もアルタミラ（旧石器時代。一万八千五百年前）やラスコー（先史時代、二万年前）が有名だが、北海道余市で発見された「フゴッペ洞窟の岸壁刻画」はおよそ八百点、昭和二十五年に海水浴に来ていた中学生が発見し、この洞窟は二千年前の斎場と分かった。

余市のフゴッペ洞窟内にはオットセイ、鯨の骨も見つかった。食糧としていたのだ。洞窟画は船、鳥人、動物などシャーマンにちなむものが多数であり、儀礼の場所と推定された。フゴッペ洞窟の近くにはストーンサークル（西崎山環状列石。四千五百年前）も出土し、縄文の繁栄がここにもあったことが分かる。

縄文遺跡の代表格「三内丸山遺跡」を含む北海道、東北地方の縄文遺跡群はユネスコの世界遺産となった。対照的に戦後の教科書で「日本最古の集落」と言われた静岡の登呂遺跡は霞んだ。弥生時代の代表遺跡「吉野ヶ里」は戦争に備えた城塞である。渡来人が戦争を日本にもたらしたという時代背景があった。渡来人がやってきて以後、皇統の簒奪を狙うかのように宮廷に陰謀、殺し合い、欺《だま》し合う凄惨なシナ風的な手法が持ち込まれた。

この点が重要である。

日本は縄文時代の一万年以上を「平和」に過ごした。それが半島を通じてシナとの交流が深まると書物、文物のほかにわんさか渡来人がやってくる。かれらは「平和」をぶちこわす戦争の流儀を日本に持ち込んだ。大和王権が政争の修羅場と化した（拙著『一万年の平和、日本の代償』、育鵬社）。

渡来人が持ち込んだ考え方（思想、宗教）と文明の利器によって日本史にそれまでになかった殺伐な波風が生じる。とくに仏教の伝来（五三八年）は、従前から伝統的だった日本の神道に挑戦するかたちとなった。神道は教典もなく、自然の信仰であり、太陽を仰ぎ、山や河川を拝み鉄を産出する巨岩を祭祀の場としてきた。

仏教を政治利用した蘇我氏の飛躍があり、以後、皇統の相続争いが悲劇の皇子たちを生んだ。山背《やましろ》、古人《ふるひと》、大津皇子、有馬皇子、早良《さわら》親王、長屋王《ながやおう》、そして橘《たちばなの》諸兄《もろえ》・親子。天孫降臨以来の名族だった大伴氏と物部氏が新興蘇我氏と藤原氏によって排斥されるという悲劇に繋がる。

話を戻すと、縄文時代にもっとも長く継続した集落は現時点では能登の真脇遺跡（六千年前から三千七百年間）だ。

筆者はこんどは能登空港へ向かった。能登町は入江奥、観光資源としては風光明媚の九十九湾が有名。能登空港から乗り合いタクシーで四十五分ほど。まずは真脇遺跡縄文館へ向かう。この遺跡は昭和五十七年（一九八二年）、用水路工事中に発見された。比較的新しい発見ゆえに知らない人が多い。

水田用地の地下1メートルを発掘すると採集と漁労で生活していた集落と判明、またイルカの骨などに加えて土器、仮面、船の櫂《かい》などが出土した。最晩年の土層からは栗材が出てきた。これを組み立ててウッドサークル（環状木柱列）が再現された。金沢のチカモリ遺跡なども同じ形式の構造物が発見されており、巨木文化時代を彷彿させる。国の史跡となって真脇遺跡縄文館が建設され、二百数十点の貴重な出土品が展示されている。

「夢・想像ではなく、ここには縄文そのものがある」という謳い文句の真脇遺跡縄文館（石川県鳳珠郡能登町字真脇）には把手付き土製ランプや鳥をデザインした土器、イルカ層からは二百八十五頭の骨、なかにはイルカの肩甲骨に石器の先端が突き刺さったもの、解体作業中の傷のあるイルカの骨があった。縄文人ははるかに高度な漁業を営んでいた。出土品はじつに多彩で土器、石器、装身具、編み物、木製品など。内部は撮影禁止なので、ここに写真を紹介できないのは残念である。

雨上がりの夏の日、じっと展示物を見学した後、付近の巨木遺跡跡を撮影し、歩いて5分ほどで海へ出ると往時の漁労風景が瞼の中に浮かんだような錯覚にとらわれた。

半時間ほど新書を読んでいると能登空港へ行くバスがやってきた。空港から金沢へ乗り換えるバスが一日に二便ある。筆者はそのバスに穴水まで乗って電車で七尾へ向かった。七尾で一泊し（それにしても七尾の寿司は氷見と並ぶ美味）、翌朝、県境でバスを乗り換えて石川県から富山県に入り海岸通りを南下した。途中の大境洞窟遺跡見学のためである。

▲ヤマト王権の実態は「近畿豪族連合」

古代の日本は日本海側が先進地帯であり、出雲、古志《こし》、蝦夷《えみし》、熊襲《くまそ》、土蜘蛛、そして北九州の豪族等がヤマト王権と並ぶか、しのぐパワーを保持していた。

出雲は古志（越、高志とも書く）と連帯していた。この連合には信濃も加わった。

吉備や宮崎県の西都原《さいとばる》古墳など、仁徳天皇陵ほどの規模を誇る。これらの豪族連合の王にとって、はるか遠い内陸部のヤマト王権なぞは比較的新しい地域王権のワンノブゼムであり「近畿豪族連合」くらいの認識だっただろう。その共同王が神武天皇以来の王権という捉え方だったに違いない。

巨石、巨木、石棒だった古代の威信財は突如、古墳となり、仏教が入ってくると古墳は廃《すた》れ、大仏と壮麗な寺院となった。男性の活力を象徴する石棒も間違いなく威信財である。アニミズム的要素が強いが、ケルト族発祥地といわれるアイルランドの「タラ王の丘」へ行くと巨大石棒が置かれ「ケルトの心の故郷」という案内板がある。権力を示唆した祭器の象徴であり、人間の霊力は国境と時間を超えるから宗教的祭祀に使われたのだろう。

日本の古墳は王権の象徴だが、縄文時代は巨木サークルが豪族王権の象徴だった。出雲大社の原型は発掘された巨木から推定しても当時の摩天楼である。出雲大神の原型は威信財の典型で、権力、権威の象徴であることは大木による高層建築物からも判断できる。

山口県の西部、「毘沙《びしゃ》ノ鼻」の由来は沖合からみた漁師が、毘沙門天の彫刻の鼻に似ていると思ったからと現場の案内板に書いてあった。インド発祥の毘沙門は本来、財宝神。日本では武神であり四天王の多聞天だ。

付近の土井ケ浜遺跡が弥生式集落跡の典型で、夥しい人骨が発見された。とくに完全に近い人骨が三百体以上、副葬品とともに出土した。深傷《ふかで》を負った、あるいは明らかに刀傷や首を切られた人骨がでて弥生時代の戦争が想起される。なかでも二、三十本の弓矢が突き刺さって戦死した人骨が「人類学ミュージアム」にある。

この遺跡を見学してから下関へ戻り、ビジネスホテル内の食堂でふぐ鍋。地元だけに東京の半値以下。ところが店員が全員外国人だった。当時も今も渡来人は日常の風景に溶け込んでいる。

下関の彦島は橋で市内とつながっているが、古代は海だった。彦島八幡宮に先史時代の神代文字ペトログラフを彫り込んだ岩があってフェンスで囲んでいる。一部の歴史家は、この岩彫刻文字がシュメール時代と同期にあたる六千年前のものだからシュメール文字の分かる人たちが上陸し、多くの岩に文字を残したとする。岩彫文字が杉田丘陵と呼ばれた造船所から七つ見つかり、「日の神や大地の女神、大気の神、豊穣をもたらす雨を、男女神にかけて祈った」と解釈できるという。彦島八幡宮境内に鎮座している。

幕末の国学者、平田篤胤《あつたね》は神代文字の研究に晩年を打ち込んだ。しかし現代、古代史学者で神代文字の研究に挑んでいる人はいないようだ。

弥生時代末期から権力と威信をしめす構造物は古墳となった。

天皇譜でいえば第十代崇神《すじん》天皇の前あたりからで、それ以前の天皇陵は神武天皇陵を含めて明治時代に宮内庁が治定した墳墓であって、本当は誰の墓なのかは分かっていない。

豪族たちは古墳の規模を競い、これまでに分かっているだけでも全国に十五万カ所（小さな墳墓を含む）。仏教が渡来すると古墳の造営は突如沙汰止みとなり、次は寺院仏閣、大仏の建立ブームとなる。比例して神社にも拝殿、本殿、鳥居が立ち大型化する。

武士が出現し政治をはじめると、壮麗で剛健な城となる。権威と権力の象徴を見せつける必要があったからだ。西洋では摩天楼のような教会である。

古代のムラの権威はシャーマン、神がかりのカリスマが集落を纏《まと》めた。邪馬台国の卑弥呼も、もし実在したとしても、本居宣長が言ったように地域王権の女酋長だった。

「神道は、縄文・弥生期以来の、自然と共生するアニミズム（精霊信仰）とその呪術体系（シャーマニズム）に根拠を持ち、それが長い歴史の中で自然成長して一つのかたちをとった（中略）。典型的な宗教のように教祖はおらず、教典もまとまった教義もない」（工藤隆『古事記の起源』、中央公論社）

ゆえに神道は布教もしない。

出雲はオオクニヌシの国譲りで美化され、六世紀に古志の大王だった継体《けいたい》天皇により出雲、古志を大和朝廷が統一国家の土台に組み入れた。『古事記』、『日本書紀』はそのことに触れないが、古代人の知恵が表明されている。

日本海沿岸の北九州、出雲、古志が当時の先進地域だった。飛鳥、奈良、葛城、河内に栄えたヤマト王権は地政学的見地から言えば、かなり辺境だった。

地図を逆さにみるとこの謎は簡単に解ける。飛鳥や奈良は港に遠い盆地、水運にもさほど恵まれていない。奈良盆地、飛鳥が古代から日本の中心だったという歴史の定説とは真逆なのである。

歴史家が真脇遺跡などを忌避しがちなのは日本海が当時の先進地域であり、出雲のように別の古代王朝があったことに触れたくないからだろう。日本海沿岸の先進性は大和朝廷史観のパラダイムを超えるからでもある。

そこで『日本書紀』では大和朝廷軍の阿倍比羅夫《あべのひらふ》が七世紀に東北、北海道まで行って大和に服属させたという物語となる。ならば蝦夷の反乱がもっとながく続いたのは何故かは熱心に語られない。拙著『葬られた古代王朝 高志国と継体天皇の謎』(宝島社新書)で詳しく考察したが、北陸地方に先進的な「高志国」(越、古志)が存在した。

「越乃寒梅」はまぼろしの銘酒、日本一うまい米は「コシヒカリ」。なかなか手に入らなかった。越前蟹、金沢の香箱蟹と並んで富山は「高志の紅蟹」。「越」といえば新潟県は上越、中越、下越に分かれ、もうすこし地図を拡げると、京都に近い順に越前(福井)、越中(富山)、越後(新潟)。この「越」が『古事記』に出てくる高志(こし)、『日本書紀』の「越州」である。西暦七世紀中盤まで、ヤマト王権の統治が及ばない地域に「高志国」があった。海の交通路の関

高岡駅前には、やさしい大伴家持像が立つ

係から出雲とは深い縁があった。ツングース系海賊の来襲と戦い、何回か侵略を防いだ形跡もある。

　糸魚川のヌナカワ姫伝説は出雲のオオクニヌシに求婚されて嫁ぐ物語に『古事記』が置き換えた。往時、高志国は越前から加賀をまたぎ、新潟を越えて山形県庄内までの広域を意味した。福井県、富山県、新潟県には「高志」の名が冠せられた高校があり、富山市には「高志の国文学館」。また地震で全国区となったのが新潟の山古志《やまこし》村だった。

　高志国の存在は、たとえば長屋王邸宅跡から出土した木簡に書かれていた。律令制度のもと国司が派遣されたのは大化の改新以後である。大伴家持《おおとものやかもち》は越中伏木《ふしき》の国府に派遣された。伏木は高岡市に編入されたが、いたる所、大伴家持像が立つ。

スサノオは出雲の平定に向かい、決闘を挑んだ八岐大蛇《やまたのおろち》は「古志の大蛇」と『古事記』に書かれている。おそらく古志の兵隊だったのではないか。

そしてオオクニヌシが古志に美女ありと聞いて出雲からわざわざ糸魚川へやってきてヌナカワ姫と熱烈な愛の歌を交換し求婚した。この浪漫的な伝説が意味するのは出雲と古志の連立が存在し、オオクニヌシノミコトのヌノカワ姫との婚姻は政治的に仕組まれたということである。高志と出雲の深い関係があった背景がのみ込める。

海が交通の主要ルートだったから往来が頻繁だった。いまの福井県の敦賀《つるが》と三国は古くからひらけた港である。糸魚川の翡翠は舟で出雲へも運ばれた。出雲は玉造温泉が知られるが、たま（玉）をつくった、という意味は宝石の加工工場があったのである。鳥取県の境港も高志港と呼ばれた。

スサノオ伝説、ヤマトタケルなどの物語から推察できることはヤマト王権の統治がまだこれらの地域には及んでいなかった事実である。

スサノオは高天原《たかまがはら》で狼藉《ろうぜき》、無法の暴れん坊だったため天照大神《あまてらすおおみかみ》から追放されて筑紫から韓半島へも渡り（という説もある）、出雲へやって来た。ここで八岐大蛇を八つの酒壺に入れて酔わせ、退治すると尾から草薙剣《くさなぎのつるぎ》がでてきたという神話は誰もが知っている。

ここで注目は『古事記』では「古志の大蛇」と敵の襲来を暗示するのだが、『日本書紀』には「古志の」がない。国の誕生でもオノコロ、淡路、佐渡に次いで「越州」と表示しただけの冷淡さは逆に古志の存在を意図的に軽く扱いたかったからだろう。

八岐というのは多いという文飾で、留意すべきはスサノオが斬れ味のよい剣を持っていたこと（鍛冶・刀剣の技術があった）、酔うほどに強い酒を造る技術があったことだ。醸造酒から蒸留酒かは判別できないが、「豊葦原《とよあしはら》」と比喩されたからには稲作がなされていた。また縄文時代から栗などデンプン類があれば焼酎は造れる。ワインは紀元前四〇〇〇年頃、シュメール人が飲んでいた。ビールは紀元前三〇〇〇年頃に飲まれていた記録があり、日本酒の誕生は酵母菌とともに奈良時代。伏見、灘《なだ》の清酒は秀吉の時代である。スサノオが大蛇に飲ませたのはおそらく栗が原料の蒸留焼酎の類いであろう。

『日本書紀』では伝承が複数重なる場合、「一書に曰く」と断って別の伝説や、名前、地名の別の読み方を並列する。たとえばオオクニヌシは合計八つほど名前を持っていて、古志のヌナカワ姫を嫁にするときは八千戈《やちほこ》と名乗った。

三種の神器（鏡、剣、勾玉）は瓊瓊杵尊《ににぎのみこと》が天孫降臨の際に帯同し、中臣氏の祖先に当たる天児屋命《あまのこやねのみこと》らが護衛と占いなど神儀をかねた。のちに神祇官として中大兄皇子と乙巳《いっし》の変を起こす中臣鎌足の遠祖であり、「神事を司る宗源者なり」と説明がある。

天照大神の孫にあたる瓊瓊杵尊に天照大神は言う。

「葦原の千五百秋の瑞穂の国は、是、吾が子孫の王たるべき地なり。爾皇孫、就でまして治せ。いくませ。宝祚の隆えまさむこと、当に天壌と窮まり無けむとのたまふ」(『日本書紀』岩波文庫)

神武天皇の諱《いみな》はカムヤマトイワレビコ(神倭磐余彦)。四人兄弟の末っ子。「磐余」は原始神道の祈祷の対象で、鉱山に近い巨岩を崇めた。中臣連《むらじ》は神秘性を帯びた剛の者という意味だろう。

ヤマトへ行って良き国を創ろうと船団を組織し軍人をつのり糧食を蓄え、東征の軍旅へでる。いわゆる「神武東征」である。

長兄・五瀬命《いつせのみこと》はナガスネヒコに討たれ戦死した(和歌山市亀山に墳墓が造成された)。二番目・稲飯命《いないのみこと》は黄泉国《よみのくに》に入り、三番目の兄・三毛入野命《みけいりののみこと》は海が荒れたために人身御供《ひとみごくう》として入水したと『古事記』は書いた。いずれにしても四兄弟はいずれも瓊瓊杵尊の五世孫にあたるウガヤフキアエズの子供たちである。

神武以後の綏靖《すいぜい》、安寧、孝昭、孝安、孝霊、孝元、開化と八人の天皇は事績が記されず后の名と享年と陵の位置を記しただけ。したがって津田左右吉が表現した「欠史八代」、つまりフィクションだという訳だが、この時代はヤマト王権の揺籃《ようらん》期であって、伝承だけが残り、後世にカムヤマトイワレビコ以来の「豪族譜」が「皇統譜」に格上げされたのである。

すなわちヤマト王権の正当性、合法性は第十代崇神天皇から明瞭なかたちをとって全国統一へと向かう政治意思がでた。崇神天皇はハツクニシラスミマキイリビコイニエと諡《おくりな》される。

神武天皇が建国したので八紘一宇《はっこういちう》が国是となったとされるが、第十代崇神天皇も初国肇御真木となって、建国の創業をなした天皇はふたりいることになる。この古代史の謎は、いまだに謎のままである。

第二章　『魏志倭人伝』は信用に値しない

▲邪馬台国探しがブームとなったが

　邪馬台国も卑弥呼も実在した足跡が出てこない。卑弥呼を祀る神社がどこにもない。『古事記』にも『日本書紀』にも、卑弥呼に関する記述は一行もなく、邪馬台国と卑弥呼が出てくるのはシナの史書だけである。肝心の日本の史書にない事実は奇怪千万、古代史最大の謎と言えなくもない。

　卑弥呼は、もし実在したとしても、豪族連合の共立したシャーマン。「地方豪族の女酋長」（本居宣長）ていどの存在だった。そもそも宣長は『魏志倭人伝』など無視しても良いと断定している。

　筆者のみるところ、卑弥呼は日御子、邪馬台国は耶麻土《ヤマト》の発音を、適当な漢字に充てたのではないかと考えている。

　ところが、『魏志倭人伝』を金科玉条と扱う古代史学者がまだ多いのである。この学問的な錯覚、価値観の倒錯、その視野狭窄《きょうさく》な空間がなぜ戦後の日本で支配的なのか？

　古代史の全体像が歪んだのは『魏志倭人伝』解釈が学界の主流となったからだ。魏使は伊都国（福岡の西隣）までは確かに来た足跡が残る。けれども他の記述は複数の伝聞を纏《から》めたもので地名や距離などに拘泥する必要はない。そもそも『魏志倭人伝』を筆した陳寿《ちんじゅ》は洛陽にあって外国へでたことはない。

風景描写が正確なのは対馬と壱岐《いき》である。実際に魏使がここを通過して伊都へ入っているからだ。対馬、壱岐を旅して、「おやっ、『魏志倭人伝』の風景描写だけは正しいぞ」と筆者は思った。

渡来人のもたらした文物、窯業などの技術、思想、文化的影響力など成果を強調する歴史家が多いが、任那府は崇神天皇のミマキイリビコイニエのミマキから命名したのだろう。任那《みまな》府が日本の貿易拠点だった（フェニキアのカルタゴのような関係）。百済は日本の保護地域だった。つまり朝鮮半島の南部に限って言えば、南洋から来た海洋民族を祖先とする同じ「倭種」だったという仮説のほうに信憑性がある（半島南部に限る）。渡来人（＝朝鮮人、シナ人）という固定概念は間違いで、同じ原日本人（倭種）だとすれば謎はさらりと解ける。

それゆえ「帰化人を束ねた親玉」といわれた秦氏や蘇我氏が差別なく移住してこられたし、蘇我馬子以後はヤマト王権に外戚としてすんなり受け入れられた。そればかりか蘇我氏の横暴が可能になった。

朝鮮半島の新羅、百済、高句麗が当時の先進国だったという誤った認識は「倭人」の実相を鑑みれば解決である。

『魏志倭人伝』では朝鮮半島南部の人も「倭人」と一緒にしている。この重要なポイントを意図的に読み飛ばした歴史家が多い。

楽浪郡《らくろう》、帯方郡《たいほう》はシナの飛び地であり情報収集の拠点だった。紀元前から朝鮮半島南部の倭人と北九州の豪族とが交易をしていた。新羅は日本海沿岸の豪族とも交易を重ねた。想像を超える頻度で交流し、夥しい交易品があり、したがって疫病も蔓延した。

崇神天皇時代になると定期的な往来があった。とくにヒト、モノ、カネ（鉄塊）の往来が激しくなったのは四世紀後半、雄略天皇の時代からだ。雄略は統一を軍事的に本格化させた天皇であり、御陵が治定し直されて発掘が許可になれば副葬品などから高松古墳などを超える出土品がでてくるだろう。現在、宮内庁が雄略御陵と治定している羽曳野《はびきの》のそれは堀もない小規模な古墳であり、筆者が現場で得た感想は明らかに雄略天皇の御陵ではない。

『翰苑《かんえん》』という書物は唐の時代に張楚金が書いた。日本の太宰府天満宮に第三十巻の逸文が残るだけの稀書で当該巻は「蕃夷部」の条である。すなわち匈奴・烏桓《うがん》・鮮卑・倭国・西域などの記述は『翰苑』からの引用であり、平安時代の古書にもある。

一九一七年の太宰府天満宮宝物調査の際に再発見された問題箇所は「卑弥呼の使者が呉王太伯の子孫を名のっていた」という表現である。これは事実とは異なった法螺《ほら》話のたぐい。北畠親房は『神皇正統記』のなかで、「あたらぬことなり」とし、桓武天皇時代に「焼き捨てられた」と批判した。

『魏志倭人伝』は『魏略』がテキストだとされるが、『魏略』そのものも原本が散逸しているため検証が出来ない。

要するに楽浪海中に倭人がいて百余国に分かれていること。帯方東南海に山のような島がありとなって邪馬台国には女帝がいて、「鬼道をなし」「民は入れ墨をしている」等、風俗習慣の伝聞によって成り立つ。「鬼道」とは女王はシャーマンの役割を演じて占いによって地域をまとめたという意味である。入れ墨は南洋系海洋民族の特徴だから一部地区住民の風俗を誇張したのだ。入れ墨は現代文明のもとでもパプアニューギニア、バヌアツ、フィジーなどに見られるし、西欧ではファッションとして男性ばかりか、若い女性が好む時代である。

邪馬台国への道のりは帯方郡をでて七千余里で狗邪韓国《くやかんこく》（釜山《プサン》付近）へ至り、そこから千里で対馬国、さらに千里が一支国（壱岐）、そしてまた千里で末盧国《まつろこく》(唐津から松浦半島)。そこから五百余里で伊都国《いとこく》へ到達し、分岐して百里で不弥国、違う方角へ百里が奴国となる。この伊都、不弥、奴国の三つは北九州沿岸、魏使は実際に伊都までは来ていた。奴国はおそらく博多である。改めて地名の漢字がいかに適当かを指摘しておきたい。一支が壱岐であり、末盧が松浦（九州現地ではマツラと発音する）となっている。

筆者はある日、福岡で宿泊して伊都国歴史博物館を目指して波多江駅で下車した。卑弥呼を考える旅は、この伊都国の施設と福岡のミュージアム、そして桜井の箸墓《はしはか》古墳くらいだ。「波多江」とは波の高い海岸という意味の地名で、また付近には糸島など。このあたりは古代、海であり魏使が船旅によったことが想像できる。伊都国歴史博物館の目玉は当時の国際交流の拠点として行き来した船の大型模型、近くの平原遺蹟（平原王墓）から出土した銅鏡、ガラス勾玉（いずれも国宝）、素環頭大刀《そかんとうのたち》（シナ製で全長120センチ）、鬼瓦（いずれも糸島市指定文化財）などだ。国宝がふたつあるから建物はじつに立派である。

『魏志倭人伝』の対馬の描写は次のようである。

「居るところ絶島、方四百余里ばかり土地は山険しく、森林多く、道路は禽鹿《きんろく》の径の如し。千余戸あり、良田なく、海物を食して自活し、船の乗りて南北を市てき(交易)す。（中略）一大国(壱岐）に到る。竹木。叢林多く、三千ばかりの家あり、やや田地あり、田を耕せどもなお食するに足らず、また南北に市てきす」

なるほど『魏志倭人伝』が描いた対馬の風景はその通りで、対馬を近代人は山猫ランドというのも頷ける。深い山、濃い山林、その稜線は農耕に不適である。

その先の記述は曖昧で粗雑な推定伝聞調となり、「南水行十日、陸行一月」で邪馬台国へ（となると大和の巻向《まきむく》あたり？）、別ルートは南水行二十日で投馬国に行くとある。「投馬」はサツマと読み、南九州であろうと古田武彦は唱えたが歴史学界では奇説扱いである。ちなみに古田は卑弥呼は碑弥呼（ひみか）であり邪馬台国は邪馬壹国だとも書いた。

『魏志倭人伝』は邪馬台国をあたかも「大国」であるかのように叙した。理由は孫子の「遠交近攻」に拠《よ》る。すなわち遠い大国と結んで、近き敵を攻める謀《はかりごと》である。

当時の魏は、蜀と呉と対立しており、敵対国に囲繞《いにょう》されているため、その背後の高句麗とは誼《よしみ》を通じ、倭（この時代の倭とは朝鮮半島南部と北九州を指した）とはツーカーの仲であり、邪馬台国なる「大国」は距離からいえば現在のグアムあたりになると岡田英弘が指摘していた。倭人伝はなるべく「遠く、大きな国」をイメージさせる必要があった。そこで距離の単位は曖昧として、南北の方向性も定めずに、その国から挨拶に来たのを「朝貢」だったと筆を曲げた。

当時、日本の地域豪族には統一国家という共通認識は無く、そもそも国家なる実態はなく、また地域政権が朝貢したなどと言っても政治的な意味はない。国の威信をかける外交の重みはなく、隣近所への挨拶という感覚だった。近所づきあいは安全保障である。

鎌倉、平安時代は仏教の全盛期だったから、仏教中心史観は魏志にいささかの重みもおかず、江戸期に歴史を含めた学問が興隆発展すると、新井白石、山崎闇斎《あんさい》、荻生《おぎゅう》徂徠《そらい》らは儒学に立脚した。シナの帝の業績と神武以来の歴代天皇の治世を比較して論ずる論法が目立った。

　邪馬台国が近畿だとする説に立脚する学者らは箸墓古墳をもって卑弥呼の御陵とする。宮内庁は卑弥呼ではなく第七代孝霊天皇皇女の倭迹迹日百襲姫命《やまとととひももそひめのみこと》の御陵としている。箸墓古墳は奈良県桜井市箸中にある前方後円墳。大きな池が残るゆえに当時は深い堀で囲まれていたと推定できる。

　周囲が住宅地と畑で、訪ねる人はあまりいないが、撮影していると付近のおばさんたちの散歩に行き逢った。陵の中へは入れない。

『後漢書』は『魏志倭人伝』に依拠し、表現を潤色したに過ぎない。『宋書』も「倭国は高麗の東南大海の中にあり世々貢職を修む」として帯方郡を高麗と修正したくらい。ただし「倭の五王」と言い出したのは『宋書』であり、讃、珍、済、興、武をあげた。武が雄略天皇に該当することだけが確定しているものの他の四王が履中、仁徳、応神、反正《はんぜい》、允恭《いんぎょう》、安康天皇らではないかと議論されている。確証には至らない。武のほか、四王が朝貢したとシナの史書がいうが、日本側に記録はないのである。そのうちの一使節は新羅か高句麗のニセ使節だったことは判明しており、貢ぎ物が貂《てん》の毛皮や朝鮮人参だった。

　そもそも五王がだれであれ、どうでもよいことである。シナの史書に共通するのは高みから倭を見下している書き方であり古代文書から伝聞を膨らませた改竄もある。実地踏査した跡がみられない。

『魏略』の逸文を一九一〇年代に中華民国の学者があつめ、発表したので俄《にわか》に注目された。「倭が太伯の後裔である」等とあり得ない話が書かれており、いかにも中国らしい世界観が披瀝《ひれき》されていた。太伯は紀元前十二、十三世紀の人で、我が国は縄文時代中期である。

安部龍太郎の小説『ふりさけ見れば』に拠れば、『日本書紀』の原案をシナの学者に検閲してもらい、記述の同意を求められたところ、『日本書紀』に卑弥呼の名前が登場しないのはなぜか詰問されたという設定になっている。長安で阿倍仲麻呂と吉備真備が対話しつつ、歴史論争をふり返り、

「『魏書』を含めた『三国志』は唐の太宗によって国史と認められている。卑弥呼も正式に倭王と認められたということだ」(日本経済新聞、二〇二二年九月二十六日連載分)

したがって正式の倭王がなぜ大和朝廷に権力を譲渡したのかと質問されたのだ。もちろんフィクションにおける記述だが、「台湾は中国の不可分の領土だから、認めろ」という態度とまったく同じである。「尖閣諸島は昔から中国の領土だから日本には正当性がない」という強弁と、その高飛車な姿勢に変わりがない。

古代史研究の参考文献ではあるが、これらの史書に日本の歴史学者がふりまわされる学界の貧困状況こそ非科学的、非論理的である。日本の歴史学者はなぜ足下をみないのか。

シナでは漢王朝が滅び、三国鼎立《ていりつ》、五胡《ごこ》十六国時代の戦乱となって血で血を洗う殺戮、虐殺が繰り返された。

『資治通鑑《しじつがん》』が書いている。

「長安餓え、人相食み諸将は帰りて肉を吐来て以て妻子を養う」

「美姫を装飾し、その首を切り、血を洗って盤上に置き賓客をこれを俯観し、又その肉を煮てともに是を食う」

『魏志倭人伝』はこの三国時代、魏呉蜀の鼎立と対立時代の歴史を叙したのである。魏（のち西晋に譲渡し、魏晋朝）の正統性を西晋王朝になってから陳寿が記述した。日本に関する箇所は『三国志魏志東夷伝倭人条』だけで、四百字原稿用紙で五、六枚程度。これを日本の戦後史家らが金科玉条の如くに扱い、解釈論争に明け暮れ、邪馬台国はどこかと侃々諤々《かんかんがくがく》を続けている。

五八一年に樹立された隋、それを継いだ唐（六一八年〜）はいずれも漢族ではなく鮮卑系の遊牧民だった。宋王朝は南北に分かれ、蒙古に滅ぼされた。チンギス・ハーンの元朝はモンゴル族、清朝は満州族である。

つまり漢族主体の「漢」から「明」まで、宋王朝という軍事力の弱い王朝が縮小版図で分在したが、およそ千年にわたって漢族の統一王朝はなかった。原因の一つは遊牧民の機動性、移動力の迅速性、情報伝達の速さなど総合的な軍事力にある。いま一つの要素は気象条件で氷河期の最終期にあたり遊牧民が温暖な、農耕民族の場所へ次々と南下し、先住民を追いだすか、虐待し奴隷としてきたことである。

シナの歴代王朝が認識した「歴史」とはプロパガンダである。

政治宣伝が目的である限り、筋立てを逆にしたり、事実を転覆させたりし、第一級史料とは言えない内容が多く、皇帝の正統性を強調するばかりに過剰な脚色、装飾がなされる。

唐代の韓愈《かんゆ》は「夫れ史を為る者、人禍あらざれば、すなわち天刑あり」と言った。歴史を書く身には悲劇がまとわりつく。史家は当該王朝の命じられるがままに歴史を創作し、次に王朝が変われば否定される。その意味で史家は命がけだった。

孔子は魯の正史をまとめた（『春秋』）ため辱められ不遇の死を遂げた。斉の太史は殺され、司馬遷は『史記』を著して処罰を受け、『漢書』を書いた班固も獄死した。『晋史』の王隠は悪し様に誹謗され失脚した。

『魏志倭人伝』の陳寿は脱稿しても発表できず不遇のなかで死んだ。死後、権力交替があって、ようやく世に出た。北魏の国史を編纂した崔浩《さいこう》、『後漢書』を書いた氾曄《はんよう》は誅《ちゅう》せられ家族、一族郎党は皆殺し。『魏書』の魏収《ぎしゅう》は嗣子《しし》なく一家は断絶。斉史、梁史、陳史など多くの史書の書き手も子孫繁栄となった例はない。

こうした前提に立てば、『魏志倭人伝』の執筆過程がどのような政治状況と国際情勢の環境にあったか。何を主眼に宣伝をしたかったのかが分かる。

魏志前文には突厥《とっけつ》など周囲の脅威が語られ、北にツングース系の粛慎《みしはせ》の存在が叙されている。粛清は七世紀に佐渡に現れ、阿倍比羅夫が蝦夷退治の折に追い出した。一部は北海道に盤踞《ばんきょ》した。JR函館本線に「比羅夫」という駅があることをご存じだろうか。羊蹄山《ようていざん》の麓には比羅夫神社が創建されている。阿倍比羅夫が北海道まで遠征しているのである。いま驚くことは比羅夫周辺はスキーリゾート、ニセコ（令和四年に〝ニセコひらふ〟と改称）がすぐ近くにあってコロナ禍前は中国人ツアー客で賑やかだった。

閑話休題。洛陽にいた陳寿は権力者の張華に見出され歴史書を書き続けた。「洛陽の紙価を高める」という意味は、当時の紙は皇帝の許可なくしては使えない貴重な戦略物資であり、自由気ままな出版が許されていない。つまり中身は皇帝権力の許可を得ていたことになる。習近平皇帝下の現在の中華人民共和国の出版事情もまったく同じである。

シナの史書は「情報操作」という宣伝煽動の道具であり、歴史上なかったこと（南京大虐殺）は「あった」とされ、あったはずの天安門事件は「なかった」ことになった。蒋介石は逃げる途中、花園堤防を爆破し住民六十万以上が洪水で死んだが、日本軍のせいだと言い張り、かたや日本人を虐殺した通州事件、通化事件には口をつぐむ。シナにとって客観的で科学的真実などはどうでもよいことなのである。

こうした中国の歴史感覚を把握した上で、『魏志倭人伝』の真贋《しんがん》を見極めなければならない。

ここで旅と言葉について触れておきたい。

古代の海外旅行はもちろん船である。それも丸木舟から中型船、帆船となり、大型化した。遣唐使時代の船はしっかりした造りで帆船、漕手も何十人か乗り、一船に百人前後が乗船、荷物もやまのように積み込まれた。それでもよく遭難し、沈没し、はたまた海賊に襲われ、阿倍仲麻呂の帰国船はベトナムまで流され、結局、帰国できなかった。二回唐土に渡った吉備真備は鑑真を連れて帰ることに成功したが、じつに幸運だった。

遣唐使船は福州や厦門《アモイ》あたりを目指し、上陸後二カ月かけて長安の都へ行く。隋の煬帝《ようだい》が開発した運河を利用して長江から黄河へ北上したのだ。シナ大陸は広く識字率はなきに等しく、地域ごとに言葉が異なり、道案内のほかに通訳も必要だった。方言だらけ、ひとつ山を越すと方言が異なるから意思の疎通に苦労したに違いない。日本でもつい六十年ほど前まで東北も九州も会話は通じなかった。これは筆者の直体験である。標準語の普及はラジオ、テレビの普及に比例した。

僅か半世紀前に日本で海外旅行が自由化された。パスポートの写真は糊で貼って割印、もうすこしサイズが大きく最終頁は外貨両替記録で、また天然痘、赤痢、チフスの注射を打った証明書が添付された。欧州では英語がまるで通じなかった。台湾、韓国、香港ではむしろ日本語が通じた。

格安航空券もなければ『地球の歩き方』も出ていなかった。当時、ＪＴＢのガイドブックは欧州全体で一冊、ロンドンやパリのホテル紹介は三軒程度で、地図はおおざっぱ、参考にならなかった。『地球の歩き方』の地図も、いまでこそ精密だが、二十年前の旧版地図は作図がいい加減で、よく道に迷った。筆者の友人は『地球の迷い方』だと悪たれをついた。

現代ですら旅の環境はかような程度なのだから古代の旅、会話の難易、言葉の用法に大変な苦労を伴ったと推察できる。

▲「倭の五王」って何だ

讃、陳、済、興、武などとシナの史書がいう「倭の五王」が誰であれ、日本史の重大な問題ではないことは見てきた。また「倭国大乱」というのも『日本書紀』に記録はなく、おそらく北九州の豪族同士の戦闘だろう。

シナと接触し、何が一番悪かったかと言えば陰謀、暗殺、謀略、皇位簒奪、凄惨な殺し合いなど、シナ風政治流儀が蘇我氏の台頭以来、日本の政治に荒々しくはいり込んだことだ。「帰化人」が文明や文化をもたらしたというのは自虐史観である。かれらは祖国が嫌で逃げてきたのである。

仏教伝来以後も神社は増え続けたし、蘇我氏が保護した仏教は当初「邪教」として排斥された。

古代シャーマンの祭祀場は中央の広場など、環状列石やウッドサークルだった。縄文中期から は磐座《いわくら》信仰となり巨石が神社の原型となった。自然信仰と鉱山が重要な戦略拠点であり、巨岩もしくは山そのものが祈りの対象だった。こんにち半導体が産業のコメといわれるように古代は鉄、鉄塊の獲得が富と権力の象徴だった。神武天皇はカムヤマトイワレビコであり、磐座とは巨岩を信仰対象とした意味であることは述べた。

大神《おおみわ》神社も弥彦神社も白山神社も山が聖域であり、信仰の対象だった。鳥居も社もなかった。本殿、拝殿、鳥居という建築思想は仏教伝来以後である。その仏教とてほとんどの寺院の名称をみると「比叡山《ひえいざん》延暦寺」、「成田山新勝寺」、「大本山護国寺」と「XX山」が頭についている。山岳信仰の伝統を引くからだ。

神代の古き神社の代表格は、大物主《おおものぬし》から祀れと言われ、崇神天皇が建立した大神神社《おおみわじんじゃ》である。崇神天皇から景行天皇まで、三輪山を崇拝し、付近の穴師《あなし》、金屋という鉱山に由来する地に行宮を建てている。鉄が権力の威信財であった。

古代から鎮座する神社には航海の安全を祈る住吉、神話の伊弉諾《いざなぎ》神宮、多賀神社、スサノオを祀る須佐神社。タケミナカタを祀る諏訪神社、オオクニヌシノミコトの出雲大社、宗像神社、熊野神社などだ。

神武天皇以後の人代となると神武東征伝説に基づいて霧島神宮、宮崎神宮、鵜戸神宮のほか、古代豪族を祀る物部系の石上《いそのかみ》神宮、フツヌシを祀る香取神宮、タケミカヅチの鹿島神宮、大宮氷川神社。阿蘇、安房、気多《けた》、白山媛《しらやまひめ》神社、浅間、自然信仰の弥彦、戸隠神社などが建立された。景行天皇はヤマトタケルを追悼するために橘樹《たちばな》神社、熱田、三峯《みつみね》、大國魂《おおくにたま》神社を建立し、加えて吉田神道の本拠＝吉田神社や気比大社。ヤマトタケルは個人ではなく、戦闘に加わった無名戦士たちの集合霊だろうと歴史学者の多くが実在を認めない。

神功皇后以後は新羅征伐の凱旋航海中に夢のお告げで生田、忌部《いんべ》、長田神社を航路沿いに建立し、同時期に地方では吉備津神社、寒川神社が建立されている。神武天皇から崇神までの八代天皇とヤマトタケル、そして神功皇后を現代の歴史家は実在が認められないとし、フィクションと結論している。この説がもし正しいとすれば、各地に建立された神社の存在を客観的に説明できない。かれらは神話に関しては黙殺である。

第二十六代継体天皇以後も霧島、厳島《いつくしま》、八坂、笠間、竈門《かまど》、金比羅《こんぴら》、三島大社、越中には射水《いみず》神社が創建された。

継体のあと仏教伝来（五三八年）以後も着実に神社創建は続き、美保、香椎《かしい》、宇佐、二荒山《ふたらさん》神社、春日大社など。おそらくこの頃から拝殿、本殿、鳥居が、仏教寺と峻別するために神社の特徴になった。

平安時代は仏教がピークを迎えた時代である。ところが京都には夥しい寺ばかりか、三百の神社があってそれぞれに氏子がいる。全国でも筥崎宮《はこざきぐう》、防府天満宮、太宰府天満宮、北野神社、安徳天皇を祀る赤間神宮、新潟の白山神社などが建立されている。

鎌倉から江戸時代は仏教が絶頂期であり、神社創建は少なくなって日枝《ひえ》神社、富岡八幡宮、花園神社など庶民のお祭り色が濃厚になる。

明治以後、国学の熱風、廃仏毀釈、そしてキリスト教普及許可を前に国策もあって神社創建が一大ブームとなった。靖国、白峯、湊川、尾山神社（金沢）、東京大神宮（東京のお伊勢さん）、金崎宮（敦賀）、橿原神宮、吉野神宮、桓武と孝明天皇を祀る平安神宮、明治神宮、天智天皇を祀る近江神宮、西郷隆盛の南洲神社、吉田松陰を祀った松陰神社などの神社は近代に造営されたのである。

廃仏毀釈の猛烈な嵐は攘夷思想が強烈だった薩摩、長州、水戸に顕著で薩摩藩主だった島津斉彬《なりあきら》と幕末の久光は代々の島津家菩提寺を破却し、照國《てるくに》神社を創建した。国家神道はしかし逆に日本人の自然信仰、自発的な信仰心を退潮させ、古神道復活などに急進化した。一つには寺が江戸幕府権力と結びついて戸籍、手形などの業務を代行し、庶民の情緒とは離れていたからだ。

考古学から古代史を見直すと、これまで謎に包まれ、「王朝空白時代」とされた四世紀から五世紀の不明な事実と重大事件が別の角度から鮮明になる。

遺跡からの出土品が、歴史の闇を照らし出し、戦後の歴史学者がとなえた仮説の多くが虚説と判明した。

天皇譜でいえば、第十五代応神天皇から、仁徳、履中、反正、允恭、安康天皇、そして雄略、清寧、飯豊女帝の称制を経てイチノヘノオシハ皇子の遺児ふたり顕宗《けんぞう》、仁賢、その皇子だった武烈天皇の時代。第二十六代の継体天皇は即位が西暦五〇七年、六世紀初頭で同時に古墳時代の終盤にさしかかっていた。

この時期が『宋書』が列記した「倭の五王」の時代と重なる。「空白の世紀」とは「文献が空白」であっても、遺物と遺跡は山のようにある。古墳の副葬品などを炭素測定し、また年代測定には当該地のボーリング。貝塚や排便の解析、同時期の人骨のDNA鑑定、出土品の時系列、流行別の判別などが進歩したうえ栄養学、医学、薬学、解剖学、地質学、食品学のポイントが加わる。文字が無くて空白といわれた時代は物的証拠の数々によって、きわめて豊穣な世紀だったことが考古学で立証された。戦後主流だった第一世代の歴史学派は退場した。

ちなみに松本清張の『清張通史』第二巻のタイトルも「空白の世紀」である。四世紀から五世紀の歴史が空白だった主たる理由は文字で記した文献だけを頼りとした歴史学だったからだ。空白の実態は巨大古墳が林立、イノベーションが進んだ繁栄の世紀だった。世界でも珍しい「古墳の世紀」が日本列島に出現していた。

全国あちこちに巨大古墳が造成された。豪勢な軍服や兜、衣装や装飾品、冠、刀……。経済力を誇示するために前方後円墳などの巨大な土木作業に没頭し、たとえば仁徳天皇陵といわれる大山古墳はピラミッドより大きい。古墳は祀られる豪族の富と権力と権威を象徴した。それゆえに豪族たちは競ったのだ。飛鳥の石舞台は明らかに造成中だった蘇我馬子の墳墓で、堀も完成し、あとは石棺を入れて盛土するだけの段階だった。おそらく大化の改新以後、工事は中断されたのだろう。蝦夷、入鹿の墓は造成された形跡がない。

古墳時代は決して「空白」ではない。無文字時代ゆえに記録がないだけなのだ。否、あったのだが、蘇我蝦夷が乙巳の変で仆《たお》れたときに『天皇記』、『国記』、『上宮記』などを燃やしてしまった。『国記』の一部だけ火災を避けて外に持ち出され、その逸文が残り、『日本書紀』に活かされた。「空白」期を戦後の左派歴史家は「卑弥呼からヤマト王権の誕生」と貧しい創造力で総括し、神武天皇を架空の存在とみた。そのうえ外国の文献に依拠してあだこうだの侃々諤々に浸ってきた。そうした誤謬と偏見の時代が考古学の検証によって覆った。

考古学の発見は鏡、銅鐸、埴輪、金のブレスレットやイヤリング、琥珀の腕輪、勾玉、指輪、金銅製鞍《くら》、冠、甲冑《かっちゅう》、武人の埴輪、矢立て、弓矢、刀剣、槍と続きこれら遺物には古代人の霊的なメッセージが籠められていた。とくに刀剣に印字された語句が、古代史の謎を解く有力な手がかりとなった。筆者などは各地の歴史博物館で、これらの遺物をじっと見ていると、祖先が託したメッセージがつたわるような錯覚、古代の人々とスピリチュアルな会話をしている霊感に襲われるのである。こうした霊性を科学的合理主義で解こうとするのは現代人が文明物質主義に犯されているからだろう。

紀元前に倭の一部地域の酋長らしき存在が楽浪郡（朝鮮半島におけるシナの飛び地）と交渉をもっていたこと、西暦五七年に奴国（伊都国の東にあったとされる地域豪族）が光武帝から金印を受けたと『後漢書』が書いていること、同書東夷伝では西暦一〇七年に「倭」国王の師《すい》升《しょう》が生口（「生口」を「奴隷」と解釈する学者が多いが技術者、もしくは捕虜交換ではなかったのか）を献上したこと、一四七年から一八八年にかけて倭国大乱があったこと、二三九年に卑弥呼が魏に使者を送ったので明帝から金印を授かったこと（この金印は発見されていない）。四世紀末ごろに倭が高句麗と交戦したこと。ということは一世紀から四世紀にかけてのシナとの交流により、日本でも漢字の読み書きができるインテリが多数存在したのである。

総てをシナの書物に依拠し、しかもその記述を動かない「歴史的事実」として疑いを入れずに戦後の日本の歴史家が受け入れてきた。だから間違ったのだ。

朝鮮半島南部から夥しい日本製の甲冑が出土しており、日本から軍隊の派遣が行われていた事実が浮かんだ。『日本書紀』には新羅への軍派遣、任那への兵隊入れ、百済への大量の武器供与などが記述されているのに、肝心の日本の史家たちが軽視してきた。

現在の中国吉林省集安で発見された広開土王の石碑には日本軍の侵入が記録されていて『日本書紀』の内容と一致した。するとどうだろう、広開土王の石碑は日本軍が偽造したものだと左翼学者が言い出したのである。

▲古代を画期したイノベーションの数々

この「空白の世紀」に日本にやってきた技術革新、産業革命に繋がるイノベーションは、窯業、鉄器、金細工、紡績、馬の生産と飼育だった。須恵器、埴輪の加工技術、鉄材料、鍛冶、鞍などが渡来人によってもたらされ、迅速に技術革新がなされた。

これも重要なポイントである。

地方豪族がそれなりに競合しヤマト王権とは遜色のない状況から渡来人技術を活用した蘇我氏がヤマト王権において一頭ぬきんでた地位に押し上げたのだ。統一王朝の魁《さきがけ》を演じることになった。

これら帰化人たちを弓月国からの亡命者だった秦氏とヤマト豪族の新興勢力となった蘇我氏が率いた。とくに蘇我氏の台頭が凄まじかった。組織された少数が多数を支配するのは革命、クーデターに限らず歴史の原則だろう。少数派のボルシェビキが多数派だったメンシェビキから権力をもぎ取ったように。ごく少数だった毛沢東が暴力で権力を奪ったように。

空白期の文明を代弁するのはなんといっても古墳だ。出雲型は前方後円墳ではなく、四隅突出型墳丘墓で、この出雲型は中国地方から古志の越中にも及んでいる。古墳をみる限り、日本海側（出雲、古志）はヤマト王権と十分に張り合っていた。それだけの財力と軍事力があった。

ヤマト王権の前方後円墳型は新潟から福島県にも及んでいる。つまり全国各地に古墳をつくり領民を動員できるほど有力な豪族たちが各地で鎬《しのぎ》を削っていた事実を示す。

村々を束ねて地域の「王」が生まれ、その連立勢力のトップが「大王」となった。ヤマト王権とは近畿豪族連立王権だった。そして統一政権の企てをはじめて企図したのが近畿豪族連合だった。

ここでベルクソンの次の言葉を筆者は思い出した。

「言語が定着できたのは、愛や憎しみの、さらには心を揺さぶるような無数の感情の、客観的で非個人的発想だけなのだ」（ベルクソン、中村文郎訳『時間と自由』、岩波文庫）

近年の考古学の夥しい発見と解析が、歴史の真実に近づくために重要になる。文献ファーストではなく遺物優先となる。

技術的先進性を早くに導入し、氏姓《うじかばね》の制度を確立し、臣《おみ》や連《むらじ》、宿祢《すくね》、國造《くにのみやつこ》、県主《あがたぬし》、伴《とも》部《べ》、品部をおいた。現代政治で言えば自治大臣、県知事、副知事、助役が県を束ね、市長、町長、村長がいて行政システムの芽生えの段階だった。加えて剣、勾玉、鏡などの威信財を配り、王権の権威付けを実施し、古くから伝わった伊弉諾・伊弉冉《いざなみ》から天照大神、天孫降臨、神武東征という神話を権威と権力の正当化のために『日本書紀』が編まれた。そしてヤマト王権は中央集権国家の中枢という合法性を得た。

▲軍事的視点に立つと

古代史の基本は軍事的視点からも説明されるべきである。

古代から近代に至るまで軍事的事変が、歴史を変えた。この軍事的要素にはテロも含む。政治家へのテロ、もしくはクーデターや反乱がいかにその後の政治を変えたか。しかも企図した目的とは裏腹に逆の政治効果をもたらしたケースが多い。政治の本質はゲバルト、それは戦争、内乱ならびにテロである。

蘇我馬子は崇峻天皇を暗殺し、目弱《まよわの》皇子は養父だった安康天皇を殺害した（真犯人は不明）。政治的効果は逆方向に向かった。

乙巳の変で中大兄皇子と中臣鎌足は崇仏派の蘇我宗家を滅ぼしたが、仏教の興隆はかえって盛んになった。

壬申の乱がおそらく目的（シナ派の排撃）を果たした唯一のクーデターだろう。本能寺の変（信長暗殺）は光秀が理想とした国づくりだったが秀吉に簒奪された。幕末は天誅の暴風が吹き荒れ、テロは日常茶飯、坂本龍馬、伊東甲子太郎《かしたろう》、清河八郎らが暗殺された。

戊辰戦争で徳川幕府を倒壊させた維新政府もテロ、暗殺の脅威に直面していた。大久保利通暗殺の前年、新政府の近代化路線に対峙した西南戦争があった。前年までの佐賀の乱、萩の乱、神風連の乱、秋月の乱が導火線となって、西洋化の波に対抗し、国風の恢復を目標とした動乱の集大成は維新の元勲にして陸軍大将、西郷隆盛の蹶起《けっき》だった。西南戦争で熊本鎮台への襲撃、近代銃器で武装した官軍の上陸により田原坂から人吉への撤退。その後、西郷軍は宮崎、延岡と逃避行が続き、可愛岳《えのだけ》から城山へのコースをたどる。可愛岳には瓊瓊杵尊の御陵があると現地では言い伝えがある。ただし『古事記』では「高千穂の山の西にあり」と記されている（岩波文庫）。

西南戦争は西郷を担いで桐野利秋が企てた未曾有の内戦だった。ところが結果はむしろ近代化・西洋化を早めた。大隈重信暗殺未遂では条約改正が遠のき、伊藤博文暗殺はかえって日韓併合を加速させた。

世界に目を転じても、シーザーはブルータスに殺されている。爾来《じらい》、政治と暗殺はつきもの。現代人が目撃しただけでもＪＦＫ、インディラ・ガンジー、ラジブ・ガンジー、朴正熙《パクチョンヒ》、アキノ、ラビン、カダフィ、安倍晋三と挙げれば際限がない。

神話時代に遡っても暗殺がつきものであった。

伊弉諾が黄泉国へ伊弉冉を見舞って正体をみたとき、伊弉冉は怒り、伊弉諾暗殺隊を派遣した。これが最初の暗殺未遂。伊弉諾は桃を投げてガキたちが競って桃を奪い合っていた隙に難を逃れた。そういう経緯から桃は悪魔退治の必需品、吉備の桃太郎伝説も伊弉諾の伝承を元にしている。

やがて天孫降臨の場所を探す先遣隊も弓で暗殺され、スサノオが流れ着いた出雲をやがて治めることになる大国主命は、兄たちに何回も暗殺されそうになる。

神代はともかく、人代となるや、初代カムヤマトイワレビコこと神武天皇は東征にでて難波でナガスネヒコの迎撃に遭って敗退。兄のイツセは戦死した。苦戦の果てに吉野を越えて飛鳥の地にはいるや、またもナガスネヒコが待ち受けていた。当時の葛城王権は余所《よそ》者を排除した。ナガスネヒコは先に天孫降臨したニギハヤヒの女婿であり、神武天皇と妥協しなかったため、ついにニギハヤヒの子、ウマシマジに誅せられた。

その神武が崩御し、綏靖天皇が皇統を継いだ。ところが神武天皇が日向時代になした子（手《た》研耳命《ぎしみみのみこと》）が綏靖暗殺を企てて返り討ちとなる。

欠史八代を飛ばして、第十代崇峻天皇の時代、北陸派遣軍をタケハニヤスヒコ（武埴安彦）が待ち伏せしており、やはり返り討ちにあった。

ヤマトタケルは兄を残忍に殺《あや》め、その残虐性を懼《おそ》れた父・景行天皇の命で熊襲を、帰路にイズモタケルを暗殺し、凱旋する。つぎに東征を命じられた。駿河で欺され、暗殺未遂に遭うが、草薙の剣で切り抜け常陸から甲斐、そして尾張へ戻り、次に伊吹山の妖怪退治、うかつに剣を

応神天皇を祭る敦賀の氣比神宮

置いて出かけたので深手を負って、鈴鹿あたりでみまかって白鳥となって古市へ帰ったと伝承される。

しかし真相は拙著『葬られた古代王朝』（宝島社新書）で書いたように伊吹山の豪族、伊夫伎氏に話し合いを持ちかけられ非武装で出かけてやられたのではないか。平和交渉を持ちかけて欺したのではないのか。

神功皇后は新羅征伐の後、身ごもっていた子を北九州の宇美で出産し、凱旋の帰路に仲哀天皇の前妻との皇子たちが暗殺を企てたため、これも返り討ち。応神天皇は敦賀へ赴いて禊ぎをうけ、地元の神と名前を交換した。この意味することはヤマト王朝が、古志との対決を収め、古志がヤマト王権と連合したのである。

第二十一代雄略天皇は兄の安康が皇后の連れ

子に殺された直後、咄嗟の判断で奮い立ち、兄ふたりと連れ子を匿った葛城系豪族もろとも殺害し、だめ押しに後継最有力だったイチノヘノオシハを狩りに誘い出して暗殺した（イチノヘの弟も一緒に射殺した）。

蘇我氏から藤原氏の全盛期、皇統をめぐる熾烈な闘いは有馬、大津、穴穂部《あなほべ》皇子、藤原四兄弟の長屋王謀殺などと続く。

縄文時代一万年という長い長い平和ののどかさはシナと朝鮮から渡来した人びとの大量流入以後、音を立てて崩れ去った。

これら政治の本質にある暴力《ゲバルト》を、『古事記』は仄めかすような書き方をなし、あくまで民族の浪漫を謳った。

『日本書紀』は歴史の暗部を大和朝廷の正当性を基軸にした書き方をしている。

第三章　肇国の大王は崇神天皇（ハックニシラスミマキイリビコイニエ）

▲初代はカムヤマトイワレビコ

筆者は欠史八代説に与《くみ》しない。

いやそればかりか神武天皇は「襲名したのだ」と保田與《よ》重郎《じゅうろう》が比喩したが、カムヤマトイワレビコの諱《いみな》の「イワレビコ」がおそらく「王」の原型であり、これを神武天皇が襲名した可能性がある。神武以前にイワレビコ伝説が幾代か継続されていたのではないのか。

第九代開化天皇までは「豪族譜」であり、第十代ハツクニシラスミマキイリビコイニエ（御真木入日子印恵命＝崇神天皇）から「皇統譜」となるのである。

したがってヤマト王権は統一王朝の規模を持たず統治システムはぼんやりとして、かたちは見えず、奈良盆地周辺で近畿豪族が連合した地域王権だった。日本列島の、ほかの地域には競合する王が共存し地域的な豪族の王権は乱立状況だった。後世、この状況を省略し、はじめから神武天皇のヤマト王権の正当性を組み立てる必要があり、『日本書紀』が編纂されたのである。

第十代、崇神天皇はヤマト王権から統一へ向かう初めての大王を志向した実在の天皇である。「ハツクニシラス」は初めての建国を意味し、崇神天皇（崇神大王）以前の九代の大王（天皇の称号は七世紀後半から）は近畿地域におけるシャーマン的な存在だったとみてよいだろう。

統一への第一歩は崇神天皇が四将軍を北陸、丹波、吉備、東海へ派遣したことにある。

「大彦命《おほびこのみこと》を以《も》て北陸《ぬがのみち》へ遣《つかは》す。武渟川別《たけぬなかはわけ》をもて東海《うみつみち》に遣す。吉備津彦《きびつひこ》をもて西道に遣す。丹波道主命《たにはのぬしのみこと》をもて丹波《たには》に遣す。因《よ》りて詔《みことのり》して曰《のたま》はく、『若《も》し教《のり》を受けざる者《もの》あれば乃《すなは》ち兵《いくさ》を挙《あ》げて伐《う》て』とのたまふ」（『日本書紀』岩波文庫）

四将軍を派遣したが、その「成果」には触れず、二代あとのヤマトタケルが蝦夷征伐の帰りに武蔵の出雲伊波比神社（埼玉県毛呂山）から三峰を越え、甲斐の酒折宮《さかおりのみや》に来て歌を詠み、ここで北陸（古志）へ吉備武彦を派遣した。目的は偵察、現地事情の把握である。

「其《そ》の地形《くにかた》の嶮易《ありかた》及び人民《おほみたから》の順《まつろひ》不《まつろはぬ》を監《み》察しむ。則《すなは》ち日本武尊、信濃《しなぬ》に進入《いでま》しぬ。是《こ》の国《くに》は、山高く谷幽《たにふか》し。翠《あを》き嶺《たけ》万重《とほくかさな》れり。人《ひと》杖《つゑ》倚《つか》ひて弁《のぼ》り難《がた》し。巌《いはほ》嶮《さが》しく（中略）、美濃《みの》に出《い》づること得《え》つ。吉備武彦《きびのたけひこ》、越《こし》より出でて遇《まうあ》ひぬ」（同書）

一方、崇神天皇の御代には疫病が大流行したため、対策に追われる。外国からの来航が増え日本人には免疫のない伝染病だったため国民の半分近くが死んだ。現代のコロナ禍どころの話

天武天皇出陣の推定地（吉野）

ではない。

統一王朝への試みは、この四将軍派遣にあり、崇神の孫、景行天皇がヤマトタケルに全国制覇を命じた。神武天皇はそれまでの伝承の集大成で酷似した史実が口承で記憶されていた。江上波夫の唱えた「騎馬民族説」は意表を突く面白さがあるが、実証ができない珍説のたぐい、そもそも馬が日本に入ったのは応神天皇の頃（五世紀）だから江上説は成立しない。

▲スパイ、第五列、そしてハニトラ

想定できるのは斥候というのは敵情視察、偵察が目的だからスパイでもある。古代にも間諜や情報工作があった。

古代史でも大友皇子（弘文天皇）や藤原不比

等、藤原仲麻呂のスパイ、ハニトラに関して『日本書紀』、『続日本紀《しょくにほんぎ》』がほんの一、二行、ヒントを書いている。中大兄皇子とともに立ち上がった中臣鎌足は最初は軽皇子《かるのみこ》（のちの孝徳天皇）に見込まれ、妊娠していた愛姫を下げ渡された。鎌足の長男とされる定慧《じょうえ》は十一歳で遣唐使に加わり、帰国後すぐに殺された。

「中臣鎌足の次男」といわれた藤原不比等は天智天皇が鎌足に下げ渡した愛姫が産んだ。つまり不比等は天智の御落胤《らくいん》だった可能性が極めて高い（詳しくは一三六ページ）。

額田女王《ぬかたのおおきみ》が天武の愛人となって子をなしたが、つぎに天智天皇に差し出された。しかしこれが壬申の乱を引き起こした原因とか、いやあれは天武天皇の皇統簒奪だとか、真顔で説く学者や作家がいるが、当時の宮廷の舞台裏で展開されたハニトラの数々を知ったら驚くだろう。蘇我氏も藤原不比等とその子供ら藤原四兄弟と藤原仲麻呂はシナにしびれ、国風を否定し、シナに土下座した。仏教を崇拝し、これを政治武器として利用したのが蘇我氏だった。その蘇我の保護下にあって聖徳太子は推古十年（六〇二年）に弟の来目皇子《くめのみこ》に二万五千の兵をつけ、新羅へ派兵する準備をしていた。筑紫で来目が死に、後任の麻呂子皇子は妻が播磨で死去したため派兵は実現出来ずに終わった。聖人君子とされる厩戸皇子には四人の妃嬪がいた。

聖徳太子は「日出ずる処の天子、書を日没する処の天子に致す。恙《つつが》なきや」と書いて、小野妹子を随に派遣したが、国際情勢の激変にはやや鈍感だった。六一八年に煬帝が弑《し》いられ、三年後、聖徳太子が死去する。蘇我氏が独裁的な政治を行い、物部守屋、山背兄皇子、あろうことか崇峻天皇を暗殺した。蘇我氏の全盛は稲目、馬子、蝦夷、入鹿でおよそ百年間、六人の娘を皇族の妃嬪夫人にいれ、親中路線、崇仏、渡来人重視という錯綜した政治状況を招いた。この危機感が「乙巳の変」となって蘇我宗家が滅び、なんとか日本は救われるのだ。

天智天皇が崩御し、采女《うねめ》との子、大友皇子（後の弘文天皇）が近江朝を掌握するが、この政権は百済から亡命してきた高官五名が廟議に参加していて、「百済亡命政権」の趣きさえあった。国益を台無しにする新羅征伐軍を本気で検討していた。そのような国を傾ける愚行をさせてはならじと吉野に隠棲していた大海人皇子が蹶起《けっき》し「壬申の乱」が勃発した。大友皇子は教養があったが漢詩しか残さず、唐風に陶酔していた。

藤原不比等は持統天皇の草壁皇子擁立に協力し、草壁皇子が早死にすると、その皇子（文武天皇）擁立を図り、娘を天皇夫人に送り込んだ。

不比等は持統天皇と二人三脚でまつりごとを掌握した。

のちの光明皇后は聖武天皇の母となる。藤原仲麻呂の大出世はこの叔母・光明皇后にとり入り、絶世期には橘《たちばなの》諸兄《もろえ》・奈良麻呂親子を追い込み、陰謀によって橘一族を全滅させた。そして孝謙天皇と「深い仲」となり、淳仁天皇を手元で育てた。やがて孝謙天皇が仲麻呂から道鏡に寵愛の対象を移したため、焦った仲麻呂は反乱を企てて失敗した。琵琶湖西岸の高島で一族三十四名とともに斬となった。これらの詳細は第六章で、別の角度から再検証する。

▲筑紫君磐井の乱

古代史における疑問点をここで列記してみる。
六世紀、継体天皇の時代に起きた「筑紫君磐井の乱」は石人文化の磐井から朝鮮半島南部との交易を取り上げる戦争目的があり、一年半の激戦の果てに大和朝廷が磐井を抑えた事変である。

歴史を震撼させた内戦なのに『古事記』はあっさりと次の二行だけ。
「この御世（継体紀）に、筑紫君石井《いはい》、天皇の命に従わずして、多く礼無かりき。故、物部荒甲（荒麁火）の大連、大伴の金村の連二人を遣わして、石井を殺したまひき」（岩波文庫）
現地には巨大な古墳群があって埴輪の代わりが石人、独特の文化を磐井石井が持っていたことが分かる。

大和朝廷軍が磐井を突然攻めたのは、外交の窓口が複数では朝廷の威信にかかわり、交易権の一元化をはかる目的があった。

磐井が新羅から賄賂をとっていたというのは大和朝廷の正当性を強調する目的で書かれている。くわえて継体天皇を越前に迎えに行った大伴金村が任那四群を割譲したため失脚したというが、割譲から二十年のあとのことで別の事由による。爾後のつじつま合わせ的解釈がまだ横行している。

皇統は応神天皇で新王朝となり、継体天皇でまた新しい血筋となったという史家の解釈は正しいのか？

仁徳天皇は二十名以上の愛妾がいた性豪であり三十五人の子供に恵まれたが、后が嫉妬するユーモラスな描き方の挿話はあっても、慈悲に満ちた善政を施し、突出して徳の高い天皇と描かれている。大山《だいせん》古墳がなぜ仁徳天皇御陵に治定されたかといえば徳政の主という伝説に基づくからだ。こうした仕切りはやはり仁徳が応神天皇の末裔ゆえ偉人としてのイメージを付帯させる必要があったからだ。

「天皇高山に登りて、四方の国をみたまひて詔りたまひしく、『国の中烟発たず。国皆貧窮し。

故、今より三年に至るまで、悉に人民の課（みつぎ）、役を除せ』とのりたまひき」（岩波文庫）

実際に仁徳天皇が丘に登って麓を見れば民家に煙りがなかった。生活の貧窮を知って三年免税、苦役減免措置をとり、三年後にまた丘に登ると煙が立ち上がり、経済の復旧を知った。この間、仁徳天皇は倹約をこころがけ贅沢を嫌った。だから徳の高いすめらみこととして崇められ、大山古墳が仁徳天皇陵と治定された。宮内庁の天皇陵治定は明治になっておこなわれたもので、今日、雄略天皇、継体天皇稜は宮内庁とは違う陵墓が歴史学では常識となったように、仁徳天皇陵とて違うかもしれないのである。

仁徳天皇は応神天皇の皇子だが、その応神の母親が神功皇后である。しかし神功皇后が実在しなかったとする学説もあまたあって、三韓征伐は一度に遂行されたのではないゆえに女帝が外征し、凱旋したのは怪しいという。『日本書紀』はこのあたりを神功皇后で一括しているので戦陣で懐妊した応神の出生の秘密が輸入王朝という頓珍漢な「仮説」に結びついた。

新羅、高句麗、百済、任那がこの時代に前後して何度も何度も調度品を献納し日本に朝貢している記録があるのに歴史学者がほぼ無視する。何か別の事情がありそうである。

第二十一代のワカタケル（雄略天皇）を『日本書紀』はなぜ「悪行天皇」と書いたのかも不思議である。

『古事記』には雄略天皇の記述がかなり長く、また詠まれた歌が長々と引用されていて特別扱いしている。

対比的に『日本書紀』が雄略に厳しいのは道徳的観念から発しているせいで、当時、まだ日本では確立されていない儒教道徳の規準を判断基準にしたあたりは後知恵。シナ人の関与がある。儒教的な史観がワカタケルを暴虐な帝王のように描いて次の清寧《せいねい》天皇を簡略し、顕宗・仁賢天皇の兄弟愛に結びつける劇的効果という狙いがある。

この部分はシナ史を参考に、シナ人が書いた形跡が濃厚である（雄略以後の条の編纂は「続守言という中国人」説を唱えたのは森博達『日本書紀の謎を解く』、中公新書）。

雄略天皇が狩りにさそって射殺したイチノヘノオシハ皇子は即位していた可能性があるし、遺児ふたり（オケとヲケ）が備前に二十年も匿われたという逸話はつくり噺だろう。ふたりが隠れ住んだという「志染《しじみ》の石室」（兵庫県三木市）に実際に筆者は行ってみた。深い草むらにわき水が流れる洞窟は水が満杯、一時的隠れ家であったとしても居住できる環境ではない。潤色により劇的な効果を狙ったことは明白だ。

大泊瀬幼武《おおはつせわかたけ》（ワカタケル＝雄略天皇）への過小評価がなぜ生じたのか？

『日本書紀』を発起したのは天武天皇だが編纂過程の中心人物は藤原不比等だ。不比等の意図としては、系図からも偉大な大王だったとは認めたくなかった。つまり『日本書紀』の意図は、仁徳天皇を仁政の見本としたいがために比較する悪役が必要だった。ワカタケルこと雄略天皇は葛城系を滅ぼし、板東の豪族を従え、吉備を軍事的に抑え込んだように戦果著しい豪傑だが、この事績を『日本書記』は意図的に力説していない。

近年の考古学の夥しい発見と解析が、歴史の真実に近づくために重要になる。

技術的先進性を早くに導入し、氏姓の制度を確立し、臣や連、宿祢、国造、県主《あがたぬし》、伴部、品部を置いて、加えて勾玉、鏡などの威信財を配り、王権の権威付けを実施し、古くから伝わった伊弉諾・伊弉冉から天照大神、天孫降臨、神武東征という神話を拡げるために『日本書紀』が編まれた。これによってヤマト王権は中央集権国家の中枢という解釈が定着した。

『古事記』はその点で政治的意思が薄い。天皇の恋も醜聞も謀《はかりごと》もあけすけに、男女関係も赤裸々に、歴史の暗黒部分も書いている。

三島由紀夫は『古事記』を日本文学史の最初の作品として、次のように評価した。

「私は、『古事記』を、晴朗な無邪気な神話として読むことはできない。何か暗いものと悲痛なもの、極度に猥褻《わいせつ》なものと神聖なものとの、怖ろしい混淆《こんこう》を予感せずに再読することができない。（中略）儒教道徳の偽善とかびくささにうんざりすればするほど、私は、日本人の真のフモールと、また、真の悲劇感情と、この二つの相反するものの源泉が、『古事記』にこそあるという確信を深めた。日本文学のもっともまばゆい光りと、もっとも深い闇とが、ふたつながら。……そして天皇家はそのいずれをも伝承していたのである」（「日本文学小史」、三島由紀夫『古典文学読本』、中公文庫）

「フモール」はラテン語では「体液」の意味だが、ドイツロマン派は「ユーモア」の意味で使った。三島の文意は両方に取れる。

ともかくワカタケルは中央集権国家を目指す強固な意志をもった天皇である。ハツクニシラスこと、崇神天皇は最初に全国統一の発想を行動に移し、景行天皇の命令でヤマトタケルが偉業を成し遂げる途次で挫折し、ようやく応神天皇の時代に古志国を味方に引き入れた。仁徳とその三人の子の時代は大和朝廷の初歩的なかたちを整備した段階で止まり、明確に統一国家の意思を実現しようとしたのはワカタケルということになる。ただし当時の政治的思想は未熟で、国家理念なるものは概して希薄だった。

小堀桂一郎『國家理性及び國體について』（明成社）で次のように言われる。

「苛烈なる現代の國際社會に於ける安全保障の最大の条件は、國際関係の法的秩序が常に公正に維持されてあるといふ事である。その秩序を安定した形で保持すべき要因は端的に武力・軍事力以外にない。この力をそれがあるべき様に統御する健全な國家理性の機能について、我々はもう一度歴史に學び直す根氣を持つてよいのではないか」

この箇所を読んだとき、はからずも天武天皇の「まつりごとの要は軍事なり」を思い出した。小堀東大名誉教授はまず「国家理性」という言葉の意味をさぐり、この「複合語の原意が有《も》つ緊急避難的・超法規的な必要性の緊迫感は（歴史学者等の解釈に）含まれていない」と問題点をえぐった。

現代政治学は、単に「国是」と解釈しているから、往々にして歴史解釈を間違える。国家理性はややもすれば哲学的であり、ドイツの歴史家、フリドリッヒ・マイネッケを連想してしまう。現在、人が日々目撃しているのは「理性」を喪失した戦争、ウクライナの悲劇、そして侵略の牙を露骨に見せびらかす北京から喧《やかま》しく吠える侵略国家の横暴である。

「現在の國際社會には、實はヒトラー主義の最悪の増長期にも匹敵するほどの理性の破壊が進行しつつあるのを如何すべきか。それは改めて言ふまでもない、中國共産党の習近平政権の為しつつあるジェノサイドであり、更に南支那海の海域に於いて停まる處を知らぬ攻撃的覇権主義である。（中略）粗野で利己的な欲望にその粉飾としての政治的必要の名を冠してゐるだけである。しかも彼等の行動原理としての政治的必要は國益のためでさへなく、党派の利権であり、政権内の有力な個人の金銭欲を充す必要でしかない」

まさに私利私欲、暴君の暴走を周囲は止める力もない。

「理性的思考とは凡そ縁のないこの様な国家と国民を一衣帯水の距離に隣人として持つ我々は、この面からしても国家行動の格率としての国家理性の理念は我々の現実的応用には耐えない骨董的概念語でしかない」（小堀前掲書）

近年の考古学が従来の歴史解釈を革新した経過はみてきた。輝かしい芸術としての縄文土偶が象徴するように祭祀は天皇伝統の根幹にある。

「祭政一致の国体は、日本という国家の建設より遙か以前、今を去る七千年という蒼古の昔の縄文時代の文化の段階で既に形成されはじめていた。天神地祇への畏敬と感謝という住民の精神生活の様式が具体的な形をとった」（小堀前掲書）

ミズラは古代日本で戦士の象徴とされた。この髪型はユダヤ人特有でもある（聖徳太子やヤマトタケルの想像図を参照すれば分かる）。

『史記』に拠れば秦始皇帝は呂不偉《りょふい》の愛人だった趙姫を父親が妃としたのちに生まれた。呂不偉は「レヴィ」を漢字で当てたユダヤ人だった可能性がある（現代中国語の発音では「ルプウェイ」）。となると秦始皇帝はユダヤ系だったと田中英道・東北大学名誉教授は大胆な仮説を唱えた。

始皇帝の命令で、不老不死の薬を求めて日本にやってきた徐福《じょふく》。その上陸地点は和歌山県新宮ほか数カ所が伝承されている。秦王朝滅亡とともに集団で日本に来た秦氏は事実上の亡命だった。就中《なかんずく》、秦河勝を祀る神社は赤穂にある。付近に秦一族は集団で住んだ。

築堤や新田開発などで大いに貢献し、京都の太秦《うずまさ》などに土地が与えられた、これらの実証は千葉県などから出土したユダヤ人を模した大量の埴輪などからも分かる。

『出エジプト記』では、モーゼに率いられたユダヤ人がイスラエルに渡るが、前後してユダヤ人は世界中に散った。北アフリカ、南欧、東欧、ロシアばかりではなかった。トルファンに近いベゼクリク遺蹟やアフガニスタンの遺蹟からはミズラをつけた絵画、彫刻、像が見つかっている。古くは三千五百年前のものが含まれている。
ミズラはヤマトタケルの想像図から判断できる戦士の髪型であり、あるいは神功皇后が新羅征伐に向かうときに男装し、髪型をミズラに変えた伝承を連想する。

田中英道『日本神話と同化ユダヤ人』（勉誠書房）はこういう。

「百済や新羅は、多くのユダヤ系、漢人系の人々が移住している。（中略）文字を使う仕事に秀でたユダヤ系の役割があったと考えられる。藤原不比等の下の書記官の仕事は、秦氏の一族だった」

近江朝の大友皇子の側近数十人は亡命者だった。うち五人が参議で新羅出兵を計画準備して外交を誤ろうとしたため大海人皇子（のちの天武天皇）が伊勢、尾張、美濃などの豪族を組織して壬申の乱に勝利した。ところが儒教の教えに基づけば、倫理的に矛盾するから、壬申の乱は「皇位簒奪」だったという考え方が生まれた。後知恵であり、江戸時代に儒教が全盛となると頼山陽などもこのような評価を残した。

古代日本に来た夥しい外国人の多くは亡命者だった。湿地干拓、新田開発、酒造、校倉《あぜくら》造り、都市造営で才能を発揮した。集団で住み土地が与えられ賦役と交換に免税は十年に及んだという。

秦氏は別名「波多」をあてた。伊都国歴史記念館を見学したときに最寄りの駅名が波多江（波の高い港）だった。秦氏はユダヤ系という戦前の日猶同祖論、現在も続く日猶同質論と絡む。

白村江の敗戦により大和朝廷は近江に遷都した。後衛の船団を率いた阿倍比羅夫がおよそ二千百名（そのうち亡命百済人高官が七百名）を連れ帰った。彼らは新羅への報復を諦め、すぐに馴致して日本に帰化した。阿倍比羅夫はのちの阿倍仲麻呂のご先祖、安倍晴明もこの阿倍氏末裔だ。

帰化人との共存は古代から常識だった。

たとえば元寇の兵士にはモンゴル、高麗ばかりか突厥、満州、女真、吐蕃《とばん》、ウイグル族、そして青い眼の「外国人」や黒人が加わった多国籍軍だった。

原日本人はシベリア経由と南方の海洋民族であり、白人、マレー系も含まれていた。孔子の故郷山東省の古代の人骨鑑定によれば蒼い眼をした長身のものが多数含まれていた。したがって秦始皇帝の前後からユダヤ人も日本に渡来し、同化してきたという田中説にも信憑性がある。

いずれにしても、こうした古代史の謎はいまも山積みである。

第四章

継体天皇はなぜ二十年も大和へ入れなかったのか

▲「越前の大王」だった継体天皇の謎

近年の古代史学界で最大のミステリーのひとつが継体天皇である。

左翼系の学者は応神天皇の五世孫というのがそもそもあやしく皇統とは縁が薄い豪族との政略結婚だったとする。この説は意外と支持する人が多く新王朝であって万世一系はここで途切れているというわけだ。「かれら」の狙いは万世一系の否定にある。

先帝武烈天皇がお隠れのあと天皇不在となって大伴金村、物部荒鹿火《あらかひ》は丹後に仲哀天皇の末裔倭彦王《やまとひこのおおきみ》があり、出迎えにいくとその軍勢におそれをなして　皇子は山の中へ逃げた。この伝承も不思議なはなしで、そんな皇子がいたかどうかは定かではないうえ仲哀天皇は第十四代、応神が第十五代なのだから探す順番に矛盾がある。

この時代の王権は地方豪族の連合体というのが実態であり蝦夷地にはヤマト王権にまつろわぬ豪族がいた。ほかにも有力な豪族と、王位継承資格を失った旧王族等が地方に分散し、かえって富裕となっていた。とくに近江は交易で栄える地理的優位性があった。日本海沿岸の豪族たちは朝鮮との貿易で急速に経済力を扶植していた。朝鮮半島南部に前方後円墳が十三カ所発掘されたことは、これらの背景を示す。つまり日本海沿岸の豪族が移住したか、あるいは交易の拠点で長期滞在していたからである。

継体天皇の出生地は近江湖西の三尾、母親が越前三国だった。夫亡き後、三国へ戻り、継体天皇は越前で育った。従来説は有力豪族は琵琶湖の周りに割拠していて財力もあり、近江豪族人脈がバックにいたとする。

『古事記』の継体天皇紀はじつにあっさりと、「品太王（応神）の五世の孫。オホドノミコト」とあるが、樟葉宮《くすはのみや》、筒城宮《つつきのみや》、弟国宮《おとくにのみや》などの行宮移転には触れていない。

歴史学者は若狭と湖西は後世の鯖街道が代弁するように距離的近さという有利な条件があって、朝鮮半島から帰化人が若狭、近江に数多く住み着いていた点を例外なく重視する。

だが、これらの説には欠陥がある。

第一に越前を源流とする高時川だ。この水流は琵琶湖へ流れ込む。つまり物流のルートは近世の賤ヶ岳《しずがたけ》ではなく、高時川ルートである。近江は湖水の利便性があるので敵の襲来あらば湖西から湖東へ、あるいは湖北から湖南へ逃れるとは言え、地政学的には内陸部である。また近江商人は日本資本主義の源流とされるが、商人は商品を右から左へ動かして利ざやをとる商行為に長《た》けるものの自らは物を生産しない。

第二に応神天皇を産んだ神功皇后は熊襲征伐のおり、分遣隊として敦賀から出航したと『日本書紀』にある。敦賀の気比神社は芭蕉も参詣した古社で敷地は広大、ここで応神は地元の神と名前を交換した。

ホムダワケ（品陀和気命）はイザサワケ（伊奢砂和気）の大神となった。

第三に当時の日本海沿岸がヤマトより先進地域であって海外との交易が盛んだった。古志がもっとも国際的な地域だった。敦賀、小浜、三国のみならず能登に、あるいは越後の海岸に新羅、高句麗からの使節が分かっているだけでも十数回、そして七尾、氷見、伏木、射水《いみず》（富山）、魚津、糸魚川、出雲崎などの港が古くから拓けていた。

すなわち日本海沿岸の富を背景に、その財力と軍事力は北九州に栄えた筑紫君磐井や火の国・肥後と並ぶか、ぬきんでていた。

古志とは連合を組んできた。そのうえで古志の大王だったのが継体天皇だから大和朝廷の戦略は、これら古志の富ごと連合する新形態を地政学的に計算されたものだったと考えたほうが理に叶う。

継体の五世前の応神天皇は武内宿祢（戦前の一万円札肖像はこの武内宿祢である）に伴われて敦賀へ禊ぎに出かけ「高志の前の角鹿に仮宮を造りて座さしめき」（古事記）。

これはヤマト王権と古志国が融合、もしくは連合し、ヤマト王権を基軸とする中央政府樹立への協調を表した意味である。

こんな簡単な政略を戦後史家たちは意図的にか、あるいは無自覚的に読み飛ばした。

▲皇統譜と豪族譜

歴史の基軸に天皇に置くことは、世界史の多くがそうであるように極めてオーソドックスな方法である。

しかし史観の視座を移して皇統譜からよりも、豪族譜の文脈からも歴史をながめ直すと、古代史は皇位をめぐって豪族間の闘いでもあったことは明白にせよ同時に豪族の対決構造が次の歴史の幕を拓いてきた事実に突き当たる。

すなわち「物部氏vs蘇我氏」、「大伴氏vs藤原氏」という対決構造だ。

大伴、物部の両氏は天孫降臨に従って護衛を務めたアマノオシヒノミコト、アマノコヤネノミコトをそれぞれの遠祖としており、神武天皇の御代から軍務についた名門であって、数ある豪族の中でも飛び抜けて有力な一族だった。

日本史の名場面で言えば、継体天皇を越前に迎えに行ったのは物部荒麁火《もののべのあらかい》と大伴金村であり、継体天皇の御代、この二人が新興の蘇我を抑えて政治の中心にいた。

物部尾輿《おこし》、守屋はやがて仏教排斥の旗をあげて立て籠もるが、蘇我氏に滅ぼされ、大伴氏は藤原氏に滅ぼされた。盛者必滅の理《ことわり》であるかのように。

しかし大伴氏は伴部《ともべ》として生き残り、物部氏は石上《いそのかみ》氏と改姓し、末裔は各地に散った。中世に出版された『先代旧事本紀《くじほんぎ》』は物部氏の子孫が著した家伝とも言える史書だが、ある意味で藤原一族を書いた『藤氏家伝』に匹敵する。『先代旧事本紀』を本居宣長は偽書扱いしたが、新井白石は信憑性が高いと評価した。

氏《うじ》の改称は、蘇我氏の一門のなかで中大兄皇子側にいた石川氏が継いだ。中臣鎌足を始祖とする藤原氏は仲麻呂の反乱以後、なりを潜《ひそ》めた潜伏期を経て、藤原北家が生き残り、中世には源氏物語のモデルとなる藤原道長の全盛を迎えた。

閑話休題。さて大伴氏である。継体天皇即位の最大の立役者は大伴金村であることはみた。瓊瓊杵尊《ににぎのみこと》の天孫降臨に護衛として随伴した天忍日命《あまのおしひのみこと》を始祖に神武東征では吉野路の道案内をした「日臣《ひのおみ》」が遠祖とされ、吉野ではヤソタケルを討った。ヤマト王権で、「天皇家に匹敵する畿内の大豪族」（角川『日本史事典』）だったうえ、ヤマトタケルの遠征にも従った。雄略天皇期に「連《むらじ》」から「大連」を賜り、王宮の警護ばかりか廟議《びょうぎ》に参画した。継体期の大伴金村の活躍は長期に及んだ。百済に任那四群割譲で賄賂を取ったなどと噂を立てられたが、その後も磐井の乱で反乱軍を抑え込むなど軍事面での活躍をしている。

欽明天皇は、大伴を貶める数々の噂を一笑に付して言った。

「『久しく忠誠を尽くしてきたのであるから、人々の口を気にするな』とする詔があり、その結果、金村は罪をうけることがなかった（中略）。欽明紀の先の一文は、『優《あつ》く寵《めぐ》みたまふこと弥《いよいよ》深し』と結び、欽明の優寵を記している」（荒木敏夫『古代日本の勝者と敗者』、吉川弘文館）

つまり従来の失脚説は修正されるべきなのである。

大伴金村の死後、一時衰えてはいたが、壬申の乱で大海兄皇子側に付いた大伴吹負《ふけい》が高安城を奪回するなど大活躍し、復活した。以後、大伴旅人、家持らが抜擢され、歌人としても活躍した。家持の死後、藤原種継暗殺事件に連座させられて失脚し、淳和天皇の御代（八二三年）に「伴」と改姓した。それも束の間、伴善男《とものよしお》が応天門の変で失脚し、爾後《じご》、表舞台に出ることはなかった。

継体天皇を「第二十七代」とする北畠親房の『神皇正統記』は、三国のオホド王、風格あり、威厳あり、まさに「この天皇をば我が国中興の祖宗と仰ぎ奉るべきにや」と爽やかに、さらりと記している。越前の王だった継体天皇を大伴金村と物部荒鹿火が迎えに行き、すぐに大和には入らず、木津川の楠葉宮を最初の行宮とした。さらに二度、遷宮し、十九年後に奈良桜井近辺の皇居に入った。『神皇正統記』はこれらの経緯にまったく触れず、晩年の筑紫君磐井の乱に関しては一行もなく、継体天皇を「中興の祖宗」と持ち上げる。まさに皇国史観の原型である。

現在の皇統譜は神功皇后を加えていないので、第二十六代が継体天皇となっている。北畠親房は異なった解釈をする。ついでにいえばイチハノオシハは即位していた可能性があり、また武烈天皇お隠れのあとイチハノオシハの遺児ふたりを播磨に発見するまでは、妹の飯豊が称制として即位していた（葛城の飯豊御稜の看板に宮内庁はれっきと「飯豊天皇」と銘記していることを筆者は現地で確認）。となると継体天皇は第二十九代になるが、これは余談として受け取っていただきたい。

『神皇正統記』にもどると継体天皇の記述は、応神五世とし、「越前国にましける。武烈かくれ給て皇胤たえにしかば群臣うれへなげきて国々にめぐり、ちかき皇胤を求奉《もとめたてまつり》けるに、此天皇王者の大度（態度）まして、潜龍のいきおい、世にきこえ給けるにや。群臣相議《はからひ》て迎奉る。三たびまで謙譲し給けれど、ついに位に即《つき》給ふ」。

この経緯は『日本書紀』に準拠している。大村金村の失脚に関しても北畠親房は一行も触れていない。

考古学の急発展で古墳の研究が飛躍した。石棺、その材質、副葬品としての武器、装身具、馬具、冠などが夥しく出土し、その時系列の区分けと棺のスタイルの類似性から、石棺は熊本から有明を経て瀬戸内海を航海して近畿へ運ばれ、冠や金銅の装飾品などは朝鮮半島から輸入したものか、渡来人が事実上の亡命をなして日本に工房を造り、職能を活かして装飾品などを製作したのかなどの議論がでてきた。

階級の識別を冠や衣装の色で行ったのはシナ風の真似であり、現代で言えばダンヒルとか、女性ならルイ・ヴィトンやグッチのバッグを持ちたがる流行の心理が作用したからだろう。

国風の重視は雄略天皇の御代にすこし見られたが、およそ一世紀の絶縁がある。

雄略前天皇はシナに遣いを送り、肩書きを得ようとしたが、夷《い》を下に見るシナの態度に雄略天皇は我慢できず、外交を打ち切った。ところが七世紀に遣隋使、遣唐使の派遣で、またも国風より唐風の流行を追い、政治スタイルを真似た。この唐風を三十年間、中断したのは天武期だが、藤原仲麻呂の時代に復活し、そればかりか唐風の「病膏肓《やまいこうこう》に入《い》る」のが聖徳太子から藤原仲麻呂までの時代だ。

現代日本にあって皇位継承問題を検討する「有識者会議」で焦点のひとつは五代溯って即位

した第二十六代の継体天皇だった。

このときの議論に欠けていた視点がある。

第一に五代先祖とされる応神天皇は、神功皇后が新羅征伐凱旋後、敦賀へ禊《みそ》ぎに行かせた。若狭、越前という「古志」の入り口へ行って有力な豪族たちを味方につけておく必要があったことは先に触れた。

第二に継体天皇は近江の三尾育ちというが、滋賀県高島郡（安曇川《あど》）に「それらしき」遺蹟がない。応神の母親がこの地区出身である。

ところが福井へ行くと、高向宮《たかむく》跡などがあり付近には豪族らの巨大な古墳群がある。そのうえ福井県に継体天皇を祀る神社は三国神社、足羽《あすわ》神社を筆頭に十五社、石川県に一つ、ほかに境内社が三つ。合計十九社が継体天皇を祀っている。他方、滋賀県に継体天皇ゆかりの神社は父君の彦主人王《ひこうしのおう》を祀る田中神社、后の振媛《ふりひめ》を祀る水尾神社があっても継体天皇が主神の神社はない。息子の安閑天皇を祭る神社は民家の庭先に小さな祠だけである。この祠たるや、呆然とするほどに小さい。

第三に大伴金村と物部荒麁火が「出迎え」に赴いた場所が「てんのう堂」として福井県坂井市丸岡町の田圃に残る。

これまでの論争は、継体天皇が「古志国からの天皇」という歴史を画期した出来事に比重を置いていない。というより無視している。大和朝廷が脅威視した古志と政治的妥協が成立したという見立てはほとんどない。

第四に即位を継体天皇は枚方《ひらかた》の樟葉宮で執り行い、次に筒城宮へ遷都、そして長岡京市あたりの弟国宮へと三回、遷宮されている。ようやく大和へ入ったのは西の吉備、筑紫の反乱を鎮圧したあと、軍事的な備えができたからである。

第五に実地踏査を試みると、樟葉宮も筒城宮も（弟国宮を除き前者二つは場所が特定された）、淀川水系の段丘に位置し水運・流通の拠点という地政学が呑み込める。経済的な合理性を優先させているのである。樟葉は『古事記』の崇神天皇紀では「久須婆」。御真木（第十代崇神大皇）に叛旗を翻したタケハニヤスを朝廷軍が殲滅した側である。

継体は敦賀、三国という港を抑え「越前の大王」と言われたのも朝鮮半島との交易で財力があったうえ経済に明るかったからだ。

樟葉は牧場に適した土地で馬の飼育、訓練場を兼ねたうえ、日本海の敦賀から琵琶湖を経て淀川水系にいたる水運の基幹ルートである。この要衝を継体天皇は最初の皇居地に選んだ。要は淀川水系。石清水の北側が桂川と木津川が合流する場所という有利性だ。継体天皇の宮は淀川水系の重要な要衝の間を移動していたことになる。

地政学の要衝を抑えた継体天皇はどの歴代よりも「経済」を優先した。地政学に照らせば大和（飛鳥・奈良）は経済の大動脈から外れた辺地だったからである。

▲経済、交易ルートを重要視した継体天皇

継体天皇がすぐに大和へ入れなかったのは豪族の反対が多かったから、あるいは林屋辰三郎などは「内乱」だったなどと説いた。継体天皇即位を支援していたのは大伴、物部、佐伯、巨《こ》勢《せ》ら名流で有力な豪族だった。反対していたのは蘇我氏くらいだった。その蘇我もやがて賛成に転じた。蘇我もまた国際貿易、経済交流には滅法明るい豪族であった。つまり競合する恐れが蘇我氏にはあった。

こういう視点に立てば難波や近江より奥に位置する奈良盆地、アクセスの悪い場所へ行く必要がなかった。海上交通のチョークポイントを抑えるという地政学を継体天皇はそれまでの商い、とくに新羅や蝦夷との交易の経験から知っていた。逆転の発想をすれば、繁栄し財力のあった古志の大王（継体天皇）をヤマト王権の大王として抱えることが、じつは天皇家が生き残る選択肢だったのである。財力と、その交易圏を取り込んだのだから。

継体天皇は晩年に感慨深く語ったという。

「朕《われ》天緒《あまつひつぎ》を承《う》けて宗廟《くにいへ》を保つこと獲《え》て、兢兢業業《おそりあやぶむ》。間者《このごろ》、天下《あめのした》安《やすらか》に静《しづか》に海内《くに》清《す》み平《たいらか》に、屢《しばしば》年《とし》豊《う》ることを致して、頻《しきり》に国を饒《と》ましむ。懿《よ》きかな」（『日本書紀』、岩波文庫）

継体朝の三代目となる宣化天皇は食物の自給自足の尊さを述べるようになり、「食は天下の本なり。黄金万貫ありとも、飢を癒やすべからず。白玉千箱ありとも、何ぞ能く冷を救はむ」。ゆえに各地に食糧倉庫を設置し、籾稲《もみいね》を収蔵し、凶作にそなえる必要があると詔した。

蘇我一族は葛城ではなく渡来人だったという説が強い。中西進も『天智伝』（中央公論社）でそう明言している。筆者も渡来人の可能性が高いと考えている

最近の研究では葛城氏を乗っ取って急成長し、渡来人集団を巧妙に操縦した豪族の新興勢力だったとの説があることも承知しているが、骨が発見され、ＤＮＡ鑑定をなさなければ結論はでないだろう。明らかに言えるのは継体天皇を囲んだ大伴、物部が蘇我の敵対勢力であったという事実関係である。

蘇我氏が実質的に権力を握ると、日本のまつりごとは急に血なまぐさくなり、崇峻天皇の暗殺が起きた。このような権力闘争の血で血を洗う乱暴な遣り方は、縄文人にはなかった。となると、蘇我氏はやはり渡来人の可能性が濃い。

そもそも蘇我氏と保守勢力の対立は継体天皇の受諾問題ではなく仏教伝来をめぐって本格化した。

『古事記』は仏教伝来と蘇我氏の台頭にまったく触れないという異様な筆運びとなる。継体後継の安閑、宣化、欽明、敏達《びだつ》、用明天皇のいずれも生まれと母親と産んだ子や夫人たちを記すのみで、業績はすっとばして御陵の位置を示すだけ。仏教伝来と蘇我の勢力拡大は絶妙な因果関係がある。仏教普及のテコ入れで蘇我氏は政治権力をもぎ取るかたちとなったからだ。

欽明七年（五三八年）、百済の聖明王は釈迦の金銅像一体と経論千巻を日本に贈り自らも信仰する殊勝な宗教だと説いた。蘇我稲目が飛びついた。というよりあらかじめ渡来人のネットワークを通じて情報を入手しており、大和王朝統治の基軸に仏教を利用すれば効果的な政治体制が組めるという直感が蘇我稲目にあったのだろう。

祈りではない。最初から崇仏は政治利用だったのだ。日本の根から生い立った霊性とは無縁のものだった。

「蘇我大臣稲目宿祢《すくね》奏《まう》して曰《まう》さく、『西 蕃《にしのとなりのくに》の諸国《くにぐに》、一《もはら》に皆礼《みなゐやま》ふ。豊秋日本《とよあきづやまと》、豈独《あにひと》り背《そむ》かむや』ともうす」（『日本書紀』）

現代で言えばグローバリズムが世界の趨勢なのだから自国の伝統などどうでもいいじゃないか、と言っているに等しい。

対して、物部尾輿、中臣氏らが反論を唱えた。

「我が国家《みかど》の、天下《あめのした》に王《きみ》とましますは、恒《つね》に天地社稷《あまつやくにつやしろ》の百八十神《ももあまりやそかみ》を以《も》て春夏秋冬、祭拝《まつ》りたまふことを事《わざ》とす。方《まさ》に今改めて蕃神《あたしくにのかみ》を拝みたまはば、恐るらくは国神《くにつかみ》の怒を致したまはむ』とまうす。（欽明）天皇曰はく、『情願ふ人稲目宿祢に授けて、試みに礼ひ拝ましむべし」とのたまうす」（同書）

疫病がはやり蛮神の所為だとして仏像は難波の堀江に棄てられた。一度は敗退したが、蘇我の野心と執念は時間をかけて、次の天皇の時代に持ち越され、やがて推古、厩戸皇子の時代に仏教が国教となって聖武天皇は日本を仏教国家、仏閣で埋め尽くそうとした。

渡来人に加えてシナから思想が入ってくると皇統をめぐる陰謀、殺し合い、謀略が続くようになり、山背大兄王、古人大兄《ふるひとのおおえ》皇子、穴穂部皇子、有間皇子、大津皇子、長屋王ら悲劇の皇族が続いた。大津皇子を誣いた持統天皇(天武天皇の皇后)は則天武后に似た性格があった。

▲聖徳太子への過剰評価

聖徳太子が過大評価された理由は大きく二つある

第一は外交における対等を実践したという神話だ。第二は「和の精神」を説いた平和主義が今日の平和呆け日本人にはぴったりだからである。

「日出ずる処の天子、日没する処の……」という国書を隋の煬帝に送って「対等」を主張した。ところが隋の皇帝からの返書は「失われた」のである。

国書の書き換えが指摘されたうえ、お目付役の裴世清《はいせいせい》が帰国船に便乗してきた。この重大事件は何を示唆しているのか？

聖徳太子は『古事記』では「上宮之厩戸豊聡耳命《かみつみやのうまやとのとよとみみのみこと》」とされ、『日本書紀』推古天皇紀では「厩戸豊聡耳皇子命《うまやとのとよとみみのみこのみこと》」とされる。用明天皇紀では「豊耳聡聖徳」や「豊聡耳法大王」という表記がある。「聖徳太子」の語は『懐風藻』の序が初出だ。

『日本書紀』推古天皇元年四月条に厩戸前にて出生したとあり、『上宮《じょうぐう》聖徳法王帝説』は厩戸を出た場所が出生地とある。『大鏡』『東大寺要録』『水鏡』などは「聖徳太子」と記載した。

聖徳太子は敏達天皇三年（五七四年）、橘豊日《たちばなのとよひ》皇子と穴穂部間人《あなほべのはしひと》皇女との間に生まれた。

橘豊日皇子は蘇我稲目の娘堅塩媛《きたしひめ》を母とし、穴穂部間人皇女の母は稲目の娘・小姉君《おあねのきみ》。厩戸皇子は蘇我氏と強い血縁関係にあった。厩戸皇子の父母はいずれも欽明天皇を父に持つ異母兄妹である。

用明天皇元年（五八五年）、敏達天皇崩御を受け、父・橘豊日皇子（用明）が即位した。折しも崇仏派の蘇我馬子と排仏派の物部守屋とが激しく対立しており、蘇我馬子は、豊御食《とよみけ》炊屋姫《かしきや》（敏達天皇の皇后）の詔を得て守屋が推す穴穂部皇子を誅殺した（法隆寺の傍、藤ノ木古墳が穴穂部皇子の御陵）。

そのうえ守屋討伐の大軍を組織した。厩戸皇子も蘇我軍に加わった。物部兵は練度高く、軍事作戦に強く、稲城を築いて応戦、蘇我軍は三度撃退された。厩戸皇子は戦勝祈願の四天王像をつくって祈り、仏塔をつくると誓うほど馬子側にいたのである。

物部守屋は善戦むなしく弓を射られ、このため守屋勢はちりぢりに逃散し、ここで物部氏は没落、以後、石上氏《いそのかみうじ》を名乗る。

蘇我馬子は泊瀬部《はつせべ》皇子を皇位に就かせた（崇峻天皇）。ところが崇峻は蘇我の独断ぶりに不満をならしたため馬子は渡来人の東漢駒《やまとのあやのこま》に崇峻天皇を暗殺させ、豊御食炊屋姫を擁立して皇位につけた（推古天皇）。

推古天皇八年（六〇〇年）に新羅征討の軍を派遣し、朝貢を約束させせたという。推古天皇十一年（六〇三年）に冠位十二階を定め、翌年に十七条憲法を制定した。

推古天皇二十二年（六一四年）、犬上御田鍬《いぬかみのみたすき》らを隋へ派遣した（最後の遣隋使）。

摂政としての聖徳太子は『国記』『天皇記』などを編纂した。

推古天皇三十年（六二二年）、斑鳩宮で倒れ厩戸皇子は薨御《こうぎょ》。その皇子である山背大兄王は、邪魔と見なされ蘇我氏に殺害された。

聖徳太子には妃、賓、夫人が四人いて、菟道貝蛸皇女《うじのがいたこのひめみこ》、刀自古郎女《とじこのいらつめ》、橘大郎女《たちばなのおおいらつめ》、膳大郎女であり子供には山背大兄王、財王、日置王、白髪部王《しらかべのおおきみ》、長谷王、三枝王、伊止志古王、麻呂古王、片岡女王、手嶋女王、春米《つきしね》女王、久波太女王、波止利女王、馬屋古女王がいた。

墓は、宮内庁により大阪府南河内郡太子町の叡福寺《えいふくじ》境内にある磯長墓《しながのはか》に治定されている。

十七条憲法という世界史初の法治を説いた業績などから後世に聖徳太子の伝説が拡大した。「我が国の釈迦」とも「観音菩薩の生まれ変わり」とも言われ、「聖徳太子信仰」が形成された。

讃仰《さんぎょう》に近い評価は『愚管抄』だ。馬子が物部を滅ぼしたのは「守屋等ヲコロスコトハ仏法のコロスニハアラズ。王法ノワロキ臣下ヲウシナヒ給也」とした上で、馬子の崇峻天皇暗殺は「王法と仏法との融合のため」になされたのだと、のけぞるような評価だ。慈円はそもそも天台座主《ざす》の立場で発言しているのである。

室町時代には「太子講」が開催され、大工や木工職人が参加したのも、四天王寺や法隆寺などの巨大建築に太子が関わったため建築関係者の守護神として崇拝されたからだ。江戸時代になると左官、桶工、鍛冶の職人集団により太子講は盛んになり太子を本尊とする法会《ほうえ》は「太子会」と称される。聖徳太子を開祖とする聖徳宗（法隆寺が本山）がある。

親鸞の浄土真宗では、浄土信仰が盛んであった頃は聖徳太子は浄土への導き手として尊崇された。

ところが江戸時代になると、儒学者や国学者から聖徳太子は仏教をもたらしたことで日本を歪めたとされ、厳しく批判される。

聖徳太子批判の嚆矢《こうし》は林羅山だった。大意は馬子の弑逆《しいぎゃく》罪〈崇峻天皇暗殺〉をそのままに看過したことが間違いであり、立場上しっかりしていれば他の方策があったとする、儒学的立場からで、国学者に共通するのは十七条憲法には神祇に関しての配慮がないとする。

熊沢蕃山《ばんざん》は聖徳太子は「外見は聡明に見えても、心が暗く、伝統の衰微を憂える守屋の諫言が理解できなかった」と批判した。

荻生徂徠も聖徳大使を批判をした形跡がある。

厩戸皇子批判の代表は平田篤胤《あつたね》だろう。

「太子に聖徳という御名は当らぬ」と平田篤胤は猛烈な批判を展開し、「遠祖の業のままにまに天皇の御楯となり、守護り奉らむと欲らけむ故に（物部は）仏を厳しく悪たる」。ところが聖徳太子は「漢意仏意」を日本に広めて「種々の幣《へい》を興した元凶」とし、

「馬子が天皇を誣せ奉れる悪事をば、必ず直し給うべき任にあたりて座ながら、知らぬ気ににて、彼唖となりて匡し給はざれば、表をのみ宜げにつつみ飾りて、うたて言ふ唐風を好み給へる故に、然しも悪しとはは想わざりしか」（『古史徴《こしちょう》開題紀』。この平田の批判箇所は村松剛『世界史の中の日本』から重引）

明治時代には一転し、憲法制定の先駆者としてシナと対等な外交を展開したと高く評価替えがなされ、戦後は「和」は平和と同一視されて「民主憲法」の元祖とみられる。

一万円札はながらく聖徳太子だった。

第五章　大化の改新から壬申の乱まで

▲大化の改新とは何だったのか

大化の改新を歴史教科書は必ず扱い、横暴を極めた蘇我一族を葬りさって律令制度のあたらしい政治に向かうバネとなった政治改革だったと肯定的に捉えている。

近年は「大化の改新」ではなく、もっぱら「乙巳の変」としてクーデターを前面に立てる記述に変化してきた。

主役は中大兄皇子と中臣鎌足、学問的なバックボーンが南淵請安《みなみぶちのしょうあん》だったとする説も多い。これは蘇我氏を悪役とした『日本書紀』と『藤氏家伝』などにより、蘇我氏四代の負のイメージが固定してしまったからだ。『日本書紀』の編纂には藤原不比等が濃厚に絡んだし、『藤氏家伝』は藤原仲麻呂が編集方針を立てた。

後世、江戸時代の絵画は乙巳の変の現場の想像図が人口に膾炙《かいしゃ》した。挿絵は蘇我入鹿の首が飛び、簾のなかにいた皇極天皇は驚き、陪席していた古人大兄皇子はさっと自宅へ逃げて門を閉ざした。この絵画は江戸時代になってから住吉如慶《じょけい》と具慶《ぐけい》の合作で談山《たんざん》神社所蔵の「多武峰縁起絵巻」だ。つまり後世の後智恵で描かれた想像絵である。実際の暗殺現場は特定されていない。

これまでの通説に対して、ふつふつと疑問が湧いてくる。

第一に殺害現場は本当に大極殿だったのか？　つまり神聖な儀式の場で殺戮行為に及ぶだろうか？

第二に、三国（高句麗、新羅、百済）からの外交使節が宮中に並んでの儀式の最中だったというのも怪しい。いや、そもそも外交儀礼はあったのか。

第三に息子の蘇我入鹿が討たれたのに、すぐ近くの甘樫丘《あまかしのおか》の要塞のような豪邸にいた蘇我蝦夷はなぜ迅速に反撃しなかったのか？　軍勢は中大兄皇子側より多かったはずだ。

第四は中大兄皇子側の軍事作戦立案は中臣鎌足ひとりだけだったのか。中大兄皇子側は甘樫丘から飛鳥側を挟んで対岸に位置する飛鳥寺に本陣を構え、蝦夷側に使いを出して投降を呼びかけた。この意表を突く戦略は誰が立案したのか。なぜ中大兄皇子の本陣は飛鳥寺だったのか？

第五に皇位を継承した軽皇子（孝徳天皇）はいかなる役目を果たしたのか？　なぜ中大兄皇子は皇位をすぐに継承できなかったのか？　のちに天武天皇となる大海人皇子（中大兄皇子の実弟）はこのときどこで何をしていたのか？

遠山美都男『新版　大化改新――「乙巳の変」の謎を解く』（中公新書）はこうした疑問点

を整理し、まず暗殺場は宮中ではなく門を閉鎖した中庭あたり、外交使節は難波周辺に滞在していたが新羅使は来ていなかった事実を述べる。

遠山説によれば黒幕は軽皇子（孝徳天皇）である。この意見には賛同しかねるが、蘇我蝦夷が情報を誰よりも早く掌握できる立場にありながら迅速な対応が取れなかったのは入鹿との連絡が円滑に取れていなかったからと遠山は推定する。

蝦夷がすぐに反撃できなかったのは病身でもあり、自軍の豪族たちの動揺が激しいこともあった。そのうえ情勢をみていた古人大兄皇子が飛鳥寺に事実上投降し、仏門に帰依すると宣言して武器を捨てた場面を見た。蘇我蝦夷と入鹿は古人大兄皇子を次期皇位継承の最有力とみて、大いに工作してきたのだから過去の政治工作は全てが無になった。その失望が大きかっただろう。遠山説によれば皇位を継いだのは軽皇子だから彼が首謀者という、やや短絡的な論理展開になる。筆者には軽皇子（孝徳天皇）にそれほどの胆力があったとは考えられない。


戦後の歴史教育はでたらめな史観の横溢、神話否定、こうなると資料のない古代史は「一人一党」の世界となった。奇想天外な騎馬民族説がでたかと思えば、太安万侶《おおのやすまろ》は不比等だったとかいう梅原猛の漫談風、左翼の本山とも言える網野善彦あたりが論壇を席巻した。

近年、錯綜した歴史解釈は次第に落ち着きを取り戻し、さすがに戦前の皇国史観的な天皇絶対を唱える論客も稀有となって論理的推測の論考が増えてきた。

たしかに乙巳の変はクーデターだが、背後の首謀者は中大兄皇子と中臣鎌足を操った人がいたかもしれない。横暴にふるまった蘇我入鹿を討ち、蘇我蝦夷を自殺に追い込んだ結果、何が鋭角的に変わったか？

皇極天皇はその場で退位を決め（史上初めての譲位）、本命だった皇統後継は蘇我系の古人大兄皇子でなく、軽皇子（孝徳）へ遷った。つまり古人大兄皇子の皇位継承を阻止することが、乙巳の変の最大の眼目だった。

皇極天皇に自然なかたちで退位していただき軽皇子がとりあえず皇位を継ぐ（実際にその通りになった）。孝徳は天智への中継ぎに過ぎないのだ。

乙巳の変で蘇我宗家は滅亡した。

ところが石川麻呂など蘇我別家は生き残り、次期政権でも大幹部となっている（蘇我分家はその後の壬申の乱で大友皇子側に付いたため滅亡への道を歩むのだが——）

時系列で整理すると、六二二年（推古天皇三十年）に聖徳太子が薨去《こうきょ》し、蘇我氏の権勢はますます横暴となった。六年後に推古天皇は後継指名せずに崩御。有力後継者は聖徳太子の息子＝山背大兄皇子と田村皇子だった。蘇我氏は山背大兄皇子の最強の支援者だった境部摩理勢《さかいべのまりせ》を滅ぼし、力づくで田村皇子（舒明天皇）を即位させた。

六四一年（舒明天皇十三年）舒明天皇が崩御され、皇后だった皇極が即位し、蘇我氏は古人大兄皇子を次期皇統後継にすると決めた。さすれば聖徳太子の皇子、山背大兄王が邪魔になった。蘇我入鹿は斑鳩を攻め、ついに山背を自殺へ追い込んだ。これで古人大兄皇子の次期後継は固まった。

次の標的は中大兄皇子となる。ならば「殺《や》られる前に殺れ」となるのは当然だろう。

こうした横暴きわまる蘇我一族を許しがたいと決意したのが中大兄皇子と中臣鎌足で、密議が進んだ。

「入鹿とかねてより不和の噂のある蘇我倉山田石川麻呂が謀議に引き込まれた。鎌足の建言により、まず中大兄が麻呂の娘を娶り、両者の間に姻戚関係が結ばれた後、謀議の全容が麻呂に打ち明けられたのである。麻呂は一党への加担に同意した。さらに鎌足の推挙によって弐名の刺客、佐伯子麻呂と葛城推犬飼網田が選抜された」（遠山前掲書）

佐伯氏も天孫降臨に随伴し先導した天忍日命《あまのおしひのみこと》を始祖とする名流豪族である。

蘇我入鹿が消え、蘇我蝦夷の周辺にあった漢東直《やまとのあやのあたい》らは、さっと立場を変え、中大兄皇子側に投降するか、逃亡した。

蘇我馬子が実権を握った政治が推古、聖徳太子を表看板とした権力構造だった。蘇我氏は葛城氏の庇を借りていつの間にか母屋を乗っ取ったのであり、現代用語でいえば、蘇我氏は葛城勢力をM&A（買収&合併）したのだとする説がある。また大化の改新に中臣鎌足は重大な役割を果たしていないとする学説があり、ブレーンが南淵請安だったという従来説もにわかに怪しくなる。

南淵はむしろ当て馬だったかもしれない。というのも南淵請安は渡来系の学問僧で推古天皇十六年（六〇八年）に遣隋使・小野妹子に従って学問僧として派遣され、隋から唐へと王朝交代の激動期に三十二年間滞在し、舒明天皇十二年（六四〇年）、乙巳の変の五年前に帰国した。飛鳥に塾を開いたので門下生が多く、思想的影響力が云々された。

昭和初期になって時代の風潮の変化がおこり、大化の改新が積極的に再評価されると、権藤成卿《せいきょう》や橘孝三郎、長野朗らが熱烈に南淵論を展開した。なぜなら農村共同体を理想とした権藤成卿らは、「社稷《しゃしょく》」が土地の神、穀物の神で村の鎮守に祭祀に皆が参加する自治が民族的な結束力を高めるとし、その原典に南淵請安を置いたからだ。

しかし中大兄皇子には、こうした思想的背景は希薄だった。

▲中臣鎌足と中大兄皇子の思想的齟齬

中臣鎌足を英雄視するのは『藤氏家伝』ばかりではない。中世、尊皇思想の根幹となる北畠親房の『神皇正統記』は乙巳の変までの流れを次のように活写した。

「(蘇我)入鹿の悖逆《ハイゲキ》の心はなはだし。聖徳太子の御子達のとがなくましく〳〵しをほろぼしたてまつる。こゝに皇子中《なか》の大江《おほえ》(中大兄皇子)と申は舒明《じょめい》の御子、やがて此天皇御所生《ごしょしゃう》也。中臣の鎌足の連《ムラジ》と云人と心を一《ひとつ》にして入鹿をころしつ。父蝦夷も家に火をつけてうせぬ。国記重宝はみな焼《やけ》にけり。蘇我の一門久《ひさし》く権をとれりしかども、積悪の故にやみな滅ぬ。山田石川丸と云人ぞ皇子と心をかよはし申ければ滅せざりける。此鎌足の大臣は天児屋根《あめのこやね》の命二十一世孫也。昔天孫あまくだり給し時、諸神の上首《じょうしゅ》にて、此命《みこと》、殊に天照大神の勅をうけて輔佐の神にましします。(中略)神武の御代に祭事をつかさどる。上古は神と皇と一にましましかば、祭をつかさどるは即政をとれるなり」(岩波文庫)

鎌足の先祖・天児屋根《あめのこやね》が祭政一致の祭祀王としての天皇の側近にあった経歴からしても、

仏教を邪教として排撃したのは理の当然である。

中臣鎌足は重要な役割を担ったにまちがいなく、天智天皇は崩御間際に鎌足を呼んで藤原姓を与えた。なぜこれほど優遇したのかは、藤原不比等の存在だった。つまり鎌足に藤原姓を与えたということは、天智の事実上の息子である不比等に与えたということだ。

鎌足が最初に接近したのは軽皇子だった。後の孝徳天皇だが、孕《はら》んでいた愛人を鎌足に下げ渡した。その子が唐へ留学した定慧《じょうえ》（鎌足の長男とされる）だった。帰国後すぐに死んだ。若くして亡くなったので毒殺説もある。ようするに皇統後継争いに邪魔となったからだ。

鎌足が軽皇子に不満を抱いたのは政治原則が希薄なことで、とても大胆な行動をおこせぬばかりか「仏法を尊び神道を軽《あなづ》りたまふ。生国魂社の樹を斬りたまふ類い、之なり。人となり、めぐみましまして儒を好みたまふ」（『日本書記』）。

神祇伯・藤原鎌足が嫌う仏法の流行にのる軽薄さと神道への無理解へのやりきれなさ等が軽皇子から離れた動機ではないか。

鎌足の「次男」は藤原不比等である。『興福寺縁起』『大鏡』『公卿補任《ぶにん》』『尊卑分脈』は藤原不比等が天智天皇の御落胤と明瞭に書いている。もし天智天皇の御落胤であったとすれば、以後の藤原一族の栄華と繁栄は霧が晴れるように納得がいく。藤原不比等が御落胤だったからこそ、藤原一門はあれだけの栄華を勝ち得たのではないのか？
この説は中世では常識だったようで、『大鏡』にさえ、次の指摘がある（保坂弘司訳）。

「（中臣鎌足は）常陸の国にお生まれになりましたので、三十九代におあたりになる帝を天智天皇と申し上げますが、この帝の御時になってはじめて、その本拠の地名に基づいて、この鎌足の大臣の御姓が『藤原』とお改まりに成ったのです。そこで、この世の藤原の始祖には内大臣鎌足公がお当て申し上げるのです。この藤原氏の末裔から多くの天皇、皇后、大臣、公卿がさまざまにお出になりました。
さて、この鎌足公を、この天智天皇がたいそうご寵遇あそばして、ご自分の女御を一人、この大臣にお譲りになりました。そのときその女御が普通のお体ではなく、ご懐妊されていらっしゃいましたので、天皇が思い召されたことには、この女御の懐妊している子が、男ならば大臣の子としよう。女ならば自分の子としようとお考えになって、鎌足内大臣におおせられるには、『男ならばそなたの子にせよ、女ならば私の子にしよう』とお約束なさっていたところ、お生まれになった子が男でいらっしゃいましたので、内大臣（鎌足公）のお子になさいました」

『日本書紀』の編纂過程では藤原不比等が深く介入したことは明白である。藤原家に不都合な真実は、削除されるか表現が曖昧にされた。

蘇我氏のたぐいまれな野心と権謀術数は藤原不比等とその子たち＝藤原四兄弟、孫にあたる藤原仲麻呂へいたるまで同じである。シナ風なのである。そして彼らが神道に寄せた熱気は次第に稀釈してゆくのである。神祇伯の鎌足と宗教観がまるで異なる。

後節で詳しく見るが「壬申の乱」を天武天皇の「皇統簒奪」という松本清張らの解釈は見当違いである。遣隋・唐使は朝貢ではない。シナの史書が朝貢としているだけであくまでも外交団だった。

次第に、行って学ぶよりシナから学びに来た学僧、学者の数が増えた。その代表が鑑真。日本に教えに来たのでなく学びに来たのではないのか。鑑真は東大寺に戒壇を設け、数百人に授戒したというが、恩師のタバコを頂くような気持ちだったようで、鑑真の死後はこのブームは終息している。

直木孝次郎は「河内政権論」を唱えた。

河内から進入してきた新勢力が奈良の三輪大神を祀った古代王権を滅ぼし、拠点を奈良から難波方向へ転換させたとし、『日本書紀』や『古事記』を実証主義の見地から批判した。

直木は軍歴があって、城山三郎のように戦後は反戦派に無自覚的に転向したが、古代のロマンへの懐かしさも文章の随所に現れる。

直木が提議した、外来勢力が三輪政権とも言える旧ヤマト王権を滅ぼして祭祀権を奪ったと唱えるのも、直木が注目した履中天皇以後の皇居の場所にある。

履中天皇が桜井市、允恭は飛鳥、安康天皇は天理市、雄略・清寧は桜井に戻り、顕宗は飛鳥、仁賢天皇は天理、武烈が桜井と指摘し、「いずれも奈良盆地東部であるが、皇居の伝承と古墳から推定した三輪王権の本拠地とは重ならず、しかもその周辺である（中略）。三輪王権の本拠地の周りをぐるぐるまわって皇居が設定されている」と重要なポイントを指摘した。ゆえに「五世紀に河内政権は三輪王権を征服・合併したが、河内政権の王子も三輪王権の本拠地には、あえて立ち入ろうとはしなかった」（直木孝次郎説）。

井上光貞はこれを発展させ、河内勢力は「征服王朝」と江上騎馬民族説に悪のりし、応神天皇が河内地方に成立する征服王朝の初代の可能性を指摘した。ことほど左様に古代史学説は一人一党の世界ではあるが、戦前の解釈を否定し、「征服王朝」という左翼的タームを多用しているところに戦後の歴史学界の顕著な左寄りの風潮がある。

歴然たる史実が示すのは、古墳が纏向の崇神、景行天皇陵から第十三代まで大和に造成され、以後十四代仲哀天皇からは百舌《もず》、河内、古市へと移行し、しかも巨大化してゆく。世界遺産となったのは百舌・古市古墳群であり、奈良、樫原、飛鳥に残留する神武から開化、崇神、景行天皇御陵などの纏向古墳群は含まれないのである。

仲哀天皇の父親とされるヤマトタケルから応神、雄略、継体天皇陵も古市周辺にあって、最大の古墳が仁徳陵だ。この点を勘案すると、河内が国際交流に近い距離的優位性という地政学的意味と変化が飲み込める。

しかし天武天皇以降、ふたたび飛鳥へ戻り、平城京、藤原京、長岡京から平安京へと北進を続けたのは、左翼史家たちの図式を否定することにならないか。

地政学でいえば難波、河内は外敵からの防御に脆弱であり、天然の要害である生駒、葛城山系を防波堤として、内陸部に首都を置いたことは防衛的に必然だったのである。シナが深い内陸部の長安を都として川と運河で繋ぎ、貿易で栄えた天津、青島《チンタオ》、寧波《ねいは》、厦門には首都を置かなかった。

古代史をめぐる夥しい謎は山々が重なるように堆積している。

▲蘇我の視点からみると

日本史で「これほどの悪人はいまい」と評価最悪の蘇我稲目、馬子、入鹿、蝦夷ら蘇我一族。

権力をほしいままに天皇家に娘たちを嫁がせてまつりごとを操り、天皇と溝ができると蘇我馬子は東漢駒をそそのかして崇峻天皇を殺めた。次に蘇我蝦夷も加わり、敵対した大伴氏、物部氏を軍事制圧し、皇位継承の展望では邪魔となった山背兄王子(聖徳太子の皇子)を斑鳩に葬った。この悪辣さ、むき出しの権力欲はシナの遣り方とほとんど変わらない。

山背大兄王を殺害後、皇極天皇を退位に追い込もうと企て、蘇我氏の意のままに動くとされた古人大兄皇子を立てようとした。ところが乙巳の変で中大兄皇子と中臣鎌足に誅せられた。入鹿は宮中で斬られ、蝦夷は自邸に火を放って自裁した。惜しむらくは『天皇記』、『国記』が同時に焼却されたことだった。

後年、同じく権力欲望にとりつかれて、蘇我氏と同じことを企て、天皇の心変わりで吉備真備と道鏡らに追い込められたため反乱を企てて失敗し、湖西高島あたりで斬となるのが藤原仲麻呂（恵美押勝）だ。

蘇我氏四代（稲目、馬子、蝦夷、入鹿）と藤原四代（鎌足、不比等、四兄弟、仲麻呂）は相似形だ。蘇我氏を討った藤原初代（中臣鎌足）の曽孫が蘇我氏と同様に討たれるというのはパラドックスだろう。

倉本一宏『蘇我氏　古代豪族の興亡』（中公新書）は蘇我氏の謎に挑んだ意欲作で、蘇我本家は乙巳の変で潰えたが、分家は石川、宗岳と家名を変えて壬申の乱以後もしっかりと生き延

反乱に失敗し藤原仲麻呂と一族が斬となった琵琶湖の西北の岸「乙女池」

び平安時代末期まで長く存続した沿革を詳述する。

蘇我の出自は多くの歴史家、たとえば中西進は『天智伝』のなかで「渡来人」と断定した。倉本は渡来人説を否定し、葛城、河内にかけての地元の豪族出身でいつしか葛城氏を超える勢力になったとし、蘇我氏はむしろ夥しい渡来人たちを効率的に駆使し、いちはやく新情報と技術を寡占できる位置にいたため富を築いたのだとする。

「蘇我氏はいきなり登場したのではなく、葛城集団の勢力の主要部分が独立したのであり、記紀に見える『葛城氏』とは、すなわち蘇我氏が作り上げた祖先伝承だった」。そして「『文字』を読み書きする技術、鉄の生産技術、大規模灌漑水路工事の技術、乾田、須恵器、錦、馬の飼育の技術など大陸の新しい文化と技術を伝えた渡来人の集団を支配下に置いて組織し、倭王権の実務を管掌することによって、政治を主導することになった」(倉本一宏『蘇我氏』中公新書)

佐藤信篇の『古代史講義』(ちくま新書)では葛城説をとらず『古事記』にある第八代孝元天皇の項に蘇我石河宿祢とあることを指摘するが、系図は当てにならない。中大兄皇子と中臣鎌足が立ち上がった動機は蘇我氏の専横に対する反撥だが、中大兄皇子は蘇我氏の次の排除対象となっていて、山背大兄王誣殺のあとに確実に排斥されることは時間の問題だった。

中臣鎌足の場合は出自が神祇であり、神道の日本に蛮族の邪教を持ち込むことなど許せることではなかった。伝統保護、文化防衛のために蹶起し、表に立てる実力者を探していた。鎌足は最初に軽王子(のち孝徳天皇)に接近し、足繁く通ううちに人物に失望し、次に中大兄皇子に接近して意気投合し、蘇我一門だが入鹿と仲の悪い蘇我石川麻呂を同志にひきずりこむのである。

「(後年)新たな『蘇我氏的なる者』が生まれてきた(中略)。藤原氏は、鎌足・不比等以来、天皇家とミウチ的結合によって結ばれ、相互に補完、後見し合って、律令国家の支配者層のさらなる中枢部分を形成していた。そして王権の側から準皇親化が認められ、律令官制に拘束されない立場で王権と結びついて内外の輔政にあたった権臣を次々と生み出していった」（倉本前掲書）

倉本は蘇我氏の悪玉論をしずかに退け、「蘇我氏は元来、けっして旧守的な氏族ではなかった。それどころか、蘇我氏は、倭国が古代国家への歩みを始めた六世紀から七世紀にかけての歴史に対して、もっとも大きな足跡を残した先進的な氏族であった」と評価する。

蘇我氏を客観的に評価するのだが、はたして北畠親房と、頼山陽はいかに蘇我氏を評価したかが気になって書架から『神皇正統記』と『日本政史』を取り出して比較してみた。

『神皇正統記』では崇峻暗殺は「天皇横死」となっていて「或人のいわく。外舅蘇我ノ馬子大臣ト御中アシクシテ、彼大臣ノタメニコロサレ給キトモイヘル」とあくまで伝聞のかたちにとどめている。天皇誣殺など、この尊皇主義者にとってはあってはならないことだからである。

しかし、乙巳の変の箇所あたりで北畠親房は非難の文言となっていわく。

「蘇我蝦夷、その子入鹿、朝権を専らにして皇家をないがしろにする心あり、その家を宮門といい、諸子を王子となむ言いける。上古よりの国紀重宝みな私家に運びおきてけり。中にも入鹿悖逆の心甚だし。（中略）蘇我ノ一門久しく権をとれりしかども、積悪のゆえにやみて滅びぬ」（岩佐正校注『日本古典文学大系87　神皇正統記、増鏡』、岩波書店から拙訳）

『日本政史』（頼山陽は『日本外史』のほうが有名だが、『日本政史』が心血を注いだ歴史論）では中大兄皇子礼賛の評価なのだ。

「国朝の建は、神武に創まり、崇神・景行に開け、そして応神・仁徳に成る。その後、徳衰え、加ふるに雄略・武烈の酷虐を以てす。敏達・用明に至りて、大権、下に移り、奸臣、国を専らにす。天智微《なか》りせば、王業あるいは熄むに幾《ちか》からん。天智、宗室の中を奮ひ、謀を運《めぐ》らし、機を決し、親ら大姦を鬴《ろ》座の下に斃す」（植手通有篇『頼山陽　日本思想体系49』、岩波書店）

北畠は十四世紀の人で、この時代、下克上時代が始まっており、武士は天皇の権威にやや懐疑的な時代だった。

頼山陽は江戸時代の人ゆえに倫理、道徳が儒学を基盤として価値観の主流となっていた。とはいえ『日本書紀』史観が底流にあることは共通している。

▲中臣鎌足が果たした役割

次に戦略的見地からみてみよう。

もっとも愚かな行動をとったのは古人大兄皇子だろう。直ちに蝦夷の要塞に駆けつければ、クーデターを不首尾に終わらせることが可能だった。反乱軍には「大義」を掲げる軍旗が必要なように飾りが要る。咄嗟にそうした判断ができないばかりか古人大兄皇子は飛鳥寺というクーデター側の本陣へ駆けつけ、自ら髪を下ろし、武器を捨て仏門に入った（後日、殺されるが）。

『日本書紀』では軽皇子と古人がおたがいに皇位をゆずりあい、古人から軽皇子に皇位に就くべきとし、自ら佩刀《はいとう》を投げ捨て、家来たちにも武装解除させ、法興寺（飛鳥寺のこと）の仏殿に入ってひげを剃り、袈裟を着たことになっている。

乙巳の変へといたる前段は聖徳太子の皇子、山背大兄王を蘇我入鹿が滅亡に追いやった悲劇を目撃したからで、これは乙巳の変の一年半前のことだった。

この惨劇を契機として中大兄皇子側の計画は入念に練られ、時間をかけて仲間を増やしていく。謀議の中心は中臣鎌足（後の藤原鎌足。この頃は鎌子と名乗った）。

鎌足は中大兄皇子と蹴鞠の場で偶会し、意気投合したことになっている。密議の場所は南淵塾のあった談山神社だとされたが、これも疑わしい。というのも筆者は桜井駅から談山神社へ歩いてみたことがある。緩い坂が重なった山道で途中から急坂となるため時間がかかり、頻繁に密議を行った場所とは思えないからである。一、二回は会合があったのだろう。

また帰国後の南淵請安が拠点としていたのは馬子の古墳とされる石舞台からかなり南の集落で、談山神社から更に南方向である。ということは密談、謀議の過程はかなりの部分がフィクションではないかと思う。

ならば討たれた蘇我氏とはいかなる存在だったのか？

蘇我は世襲王権に寄生し、王権の身内的存在として、王権内部に組み込む政治を実践した。これが蘇我氏の特質である。

『藤氏家伝』（ちくま文庫。沖森卓也、佐藤信、矢嶋泉・訳）は藤原鎌足——不比等——武智麻呂《むちまろ》——仲麻呂と直系に光が当てられ、傍系は軽視、もしくは無視されている。のちに専横を極める藤原仲麻呂が纏《まと》めたとされるから、不比等の息子たち＝四人の兄弟のなかで、仲麻呂の父の武智麻呂だけを直系の縦軸でむすんでいる。むろん横暴専政をきわめた不比等には触れず（というより不比等の箇所は散逸したということになった）、四兄弟の長屋王謀殺という謀略事件には一行も触れていない。不都合な真実は古今東西、書かないものである。

長屋王の祟りで四兄弟がつぎつぎと疫病に罹患し死亡したが、その因果関係にも一切の言及がない。そのくせ仲麻呂の父・武智麻呂を褒めちぎって終わる。

意外なのは「鎌足の長男」とされる定慧に関して長い記述があることだ。この異様さ、その配分過剰という特徴は、書物成立の動機が、そこに秘められているからである。

『日本書紀』は「（皇極二年十月）、蘇我臣入鹿は、独り謀りて、上宮の王（山背大兄王）等を棄てて、古人大兄を立てて天皇とせむとす」と記している。

蝦夷は入鹿が山背（聖徳太子の皇子）を誅したと聞いて、「はなはだ愚かにして専行暴悪（たくめあしきわざ）す」と嘆いたと『日本書紀』は書く。

もしそうであれば、この時点で蝦夷と入鹿は父子であり、同じ甘樫丘に豪邸を構えながらその政治目標は明確に乖離していた。

山背が誣《し》いられ、古人大兄皇子を後継天皇に、と蘇我入鹿がもくろんでいるとすれば、中大兄皇子は蘇我にとって「次の排除目標」だから、ならば逆に機先を制するにかぎる。同志が必要で、中大兄皇子に味方して決然と立ち上がったのが中臣鎌足だった。栄耀栄華を極める藤原家の創始者にして「乙巳の変」の黒幕。のちの天智天皇政権最大の実力者であり、天智天皇は鎌足に「藤原姓」を与えたことは広く知られる。

ふたりは出会うべくして出会ったのである。

▲白村江の戦いは当時のノモンハン

中大兄皇子は称制を経て即位し、天智天皇になられるのだが、最大の失敗は白村江だ。この敗因の探求と自衛力の強化政策はのちのちの日本の国防戦略に活かされた。

斉明天皇七年（六六一年）白村江に出撃した日本軍は三派に分かれ、第一派は一万余。船舶一七〇余隻。指揮官は安曇比羅夫《あずみのひらふ》、狭井檳榔《さいのあじま》らで百済の豊璋王を護送する先遣隊である。

出撃基地で斉明天皇が急死されたため、第二陣は出航が遅れた。これが主力軍で二万七千人。指揮官は上毛野君稚子《かみつけののわかこ》、巨勢神前《こせのかむさき》臣譯語、阿倍比羅夫だった（阿倍比羅夫は後詰め説あり）。

第三派は一万余人。指揮官は廬原君臣《いおはらのきみおみ》だった。

天智天皇元年（六六二年）三月、主力部隊である第二派軍が出発した。緒線は援軍を得た百済復興を目指す陸軍が、百済南部に侵入した新羅軍を撃退し、勢いがあった。

ところが唐が増援のため劉仁軌《りゅうじんき》が率いる水軍七千名を派遣し、唐・新羅合同軍は、集中撃破の海戦に転じた。劉仁軌、杜爽、扶余隆《ふよりゅう》が率いた一七〇余隻の敵水軍は熊津江に沿って下り、陸上部隊と合流、日本軍を挟撃した。

日本水軍は訓練不足、海戦に不慣れな上、潮の満ち引きの時間、地形、海流の特徴を知らず、そのうえ砲が劣った。弓合戦が展開されたのだが、大和朝廷側は統合指揮官が不在、作戦も杜撰きわまりなく、戦争慣れした唐は戦術でも猛威を発揮した。こんなときに百済軍は内訌、内紛に明け暮れていた。

日本船団は白村江への到着が十日遅れ、劣勢挽回とばかり白村江河口に突撃海戦を展開、史書によれば三軍編成をとって四度攻撃したというが、白村江に出航し軍船のうち四百隻余りが炎上した。

筑紫君薩夜麻《さちやま》や土師富杼《はじのほど》、氷老《ひのおゆ》、大伴部博麻《はかま》らが唐軍の捕虜となった（六年後に帰還）。第一派の安曇比羅夫は戦死したらしく、以後九州を拠点に置いて水軍でならした安曇氏は信濃への移住を余儀なくされた。長野県の安曇野市の名は安曇比羅夫に由来し同地の穂高神社の拝殿前、神楽殿の右手にある若宮の祭神は安曇比羅夫だ。穂高神社恒例の「御船祭り」は安曇比羅夫の命日に開催されている。

天智、天武、持統天皇は海戦敗北に懲りて水軍を立て直した。のちに鎌倉幕府は元寇でフビライ軍を敗退させた。信長は大坂攻めに水軍を強化した。秀吉はかつてない大海軍船団をつくって朝鮮半島に攻め入った。

秀吉の後期から徳川前期にかけて切支丹・バテレンを追放し、江戸幕府は鎖国に踏み切る。天草四郎の乱では、火力をオランダに頼っての辛勝だった。やがて完全な鎖国体制となり、異国の軍事的脅威が去ると防備は忘れられ、吉宗の代あたりから国防意識は脆弱になった。

その「平和の時代」に林子平が海防の重要性を説いた。

林子平は高山彦九郎、蒲生君平《がもうくんぺい》と並んで「寛政の三奇人」と言われた。この場合の「奇」は優秀の意味だ。根っからの勉強好き。警世家であり、脱藩して苦学独学を重ねた。著作旺盛、二十八歳のときに『富国建議』を書き上げて仙台藩に提出したが無視された。蝦夷地探検にも赴き、長崎留学中の三十八歳のときに初めて世界地図を見て衝撃を受けた、「日本は世界と海でつながっている」。海防の重要性に気づき『海国兵談』を執筆する動機となった。しかし『海国兵談』は資金難で寛政三年（一七九一年）にわずか三十八部が印刷されたに過ぎず、徳川の防衛体制を批判したと幕府に睨まれて入牢、仙台にて蟄居となり失意のうちに死んだ。

憂国の書は没後六十年間、世間からまったく相手にされなかった。自費出版の僅少冊子が幕末に外国船が出没するようになると、突如、甦った。維新の志士たちの必読文献ともなって広く読まれた。

家村和幸・編著『現代語で読む 林子平の海國兵談』（並木書房）によれば、林子平はまず主要敵であるシナの沿革を説き、

「（秦始皇帝から漢王朝の時代は）日本の広狭、並びに海路等の事を詳しく知ることができな

かったのである。唐の時代には頻繁に日本と往来して、海路や国郡等のことまで詳しく知るようになったけれども、互いに友好関係を深めていたことから、侵攻してくることはなかった」

白村江前後のことを林子平はこう書いた。

「唐山（唐王朝）の船は長大ではあるが、製造法が拙《まず》いため、その船体は頑丈ではない。元より唐山人（シナ人）は船のことを『板《ばん》』と呼んでいる。心の奥でただの板だと思っており、その板に乗り水を渡って用をなすまでの事だとしか考えていないので、その製造もお粗末になるのだ。ただ五色鮮やかな漆喰を用いて塗装することで壮観さを示すだけである。これを破砕するには、大砲や大型の弓を用いて容易に砕けばよい」（家村前掲書）

外観を強そうに飾る。いまも中国海軍は同じではないのか。そして戦い方に異国の軍との差違をのべている。

「異国人と戦う上で最も重要な心得がある。これまでにも述べてきたように、異国人は血戦が得意ではないので、種々の奇術寄法を設けて、互いに相手の気力を奪うことに努める。その国人同士はそれを見抜いて心構えもできているが、そのことを知らない日本人は彼らの奇術に遭えば、恐れ入って実に肝を奪われ、臆病を生じて、日本人の持前とする血戦さえも弱くなってしまうのである」(家村前掲書)

さてここでノモンハン事変との比較をしてみたい。

なぜならノモンハンの将校らの敗戦意識と白村江の軍人たちが「負けた」と誤認識したことが酷似しているからである。

昭和十四年(一九三九年)五月十一日、ノモンハンでスターリンのソ連軍と日本軍との戦闘が開始された。ソ連はジューコフ将軍に命じて二十三万もの大軍(戦車と航空機主体の機械化部隊)を満州国境に投入してきた。迎え撃った日本軍は第二十三師団二万人。ソ連の十分の一以下だった。

ノモンハン事件は日本軍の負け、と教わった。辻政信は「負けたと思ったから負けなのだ」と迷言を吐いた。

しかしノモンハンで「日本は負けてはいないが、勝てなかった」のが真実だった。というのもソ連崩壊後に明るみに出た機密文書には正反対のことが書かれていた。甚大だったのはソ連軍の被害である。すなわちソ連軍の被害は死傷者が二万五千六百五十五名、破壊された戦車およそ八〇〇両、撃墜されたソ連軍機はじつに一六七三機。

対する日本の被害は死傷者が一万七千四百五名、戦車は二九両が破棄され、撃墜された軍機一七九機。

とくに緒戦の空中戦ではソ連機一七九機を撃墜、日本軍で撃墜されたのは僅か一機（パイロットは生還）。翌日の戦闘で、日本軍機わずか九機が撃墜された。この日の空中戦ではソ連八〇機と空中戦を展開し、ソ連機を全滅させている。

ジューコフ将軍の輝かしい軍歴をスターリンは嫉妬した。モンゴルのウランバートルにジューコフ記念館があり、またベラルーシの首都ミンスクにある戦争博物館には巨大なトルソ像があって英雄とされている。その歴戦の勇士は元帥に昇格した。戦後、第二次大戦後にジューコフは「どの戦争が一番苦しかったか？」と聞かれ、「ノモンハンだった」と明確に回答している。

しかし一九九一年のソ連崩壊まで、ノモンハンにおけるソ連の惨状的被害は機密とされてきた。

白村江は海戦で負けたものの陸戦では五分だったうえ、後詰めの船団を率いた阿倍比羅夫は七百人の百済王族、高官、技術者を収容し、日本に連れ帰った。新羅海軍は手出しが出来なかった。

あまつさえ戦役後、新羅は日本を襲撃するのではなく、真っ逆さま、朝貢に来たのである。新羅のほうも勝ったとは認識していなかった証左で、この事実を戦後史家は無視し続けている。

▲壬申の乱は皇位簒奪ではない

天智天皇の崩御後、大海人皇子による「壬申の乱」が勃発した。

この古代史最大の内戦で大海人皇子（天智天皇の実弟、のちの天武天皇）が勝つと、皇居を近江から飛鳥へもどした。天武天皇は唐風な官僚機構を嫌い、固有の文化を尊重し、近江朝にいた親唐派を追い出し、唐と断交するのである。

その天武天皇がみまかると天武天皇の皇后だった持統天皇は藤原京を造営し遷都された。以後は平城京、聖武天皇は四回もの遷都のあと、長岡京造営となる。

そして桓武天皇の決断で平安京と遷都を繰り返したのは守旧派を排斥し、政治刷新を促進し、人口増大に対応したことだ。これらの要素も重要だが、遷都の最大目的は疫病からの逃避だったのである。首都建設の設計思想は長安の猿まねだったといえ、日本独自の都市づくりの特徴は城塞ではなく、首都を長安や南京のように高い壁で囲む必要はなかった。敵襲来を想定していないのである。

壬申の乱が天武天皇の「皇位簒奪」だったとする松本清張らの論理がなぜ成立するのか、理解に苦しむ。

松本が『古代史疑』（講談社文庫『清張通史』に収録）を書いたときの古代史のブレーンには江上波夫ら錚々《そうそう》たる左派歴史学者らがいた。戦後、左翼に変節した家永三郎は、壬申の乱で近江朝廷側に地方の豪族が参加しなかったのは、プロレタリアートが貴族の呼びかけを拒否した側面を重視し、一種プロレタリア革命ではないかと、ひっくり返るような分析をしていた。

もっと仰天すべきは金達寿《キムタルス》である。近江朝廷は「百済系の政府であって、日本に渡来した新羅系氏族がこれを斃《たお》すために引き起こした」と腰を抜かすような空想論を展開した。

さすがの直木孝次郎が反論している。

「百済打倒との熱意にもえるほど強い国家意識をもった新羅系氏族が、七世紀の日本でそんなに多くいたとはとうてい考えられない。また、壬申の乱に参加した渡来系氏族は少なくはないけれど、大海人側に加わった者のなかに、坂上直熊毛《さかのうえのあたいくまけ》・同老・倉蓿直麻呂《くらかきのあたいまろ》、谷直根麻呂、文直成覚《ふみのあたいじょうかく》・書首根麻呂《ふみおびとのねまろ》・百済淳武微子《じゅんぶびし》など、百済系と思われる氏族の人々が多く見られる。

百済系と新羅系の対立を壬申の乱の原因とする解釈は、なりたたない」（直木孝次郎『日本古代国家の成立』（講談社学術文庫）

筆者は近江朝が百済亡命貴族を重要なポストに用いて国の政策を誤らせようとした売国的な姿勢に、国風を重んじる大海人皇子らが愛国心から立ち上がったと解釈する。

唐風で日本の政《まつりごと》をおこなうのは進歩的ではなく売国的と捉えるのは当然で、壬申の乱は皇位簒奪ではなく正統な王権を恢復したのである。

経過を簡単に辿っておこう。

天智天皇の臨終に際して大海人皇子はすぐさま剃髪し吉野へ向かって隠棲を宣言するが、「虎に翼をつけて放ったようなもの」と朝廷人が比喩した。大海人皇子がそのまま引き下がるには政治的野心が強く、また国家の設計に重大な関心を持っていた。

『日本書記』の後半部と『続日本紀』には、壬申の乱がつぶさに語られている。

大化の改新から二十六年後、天智天皇十年（西暦六七一年。この期間だけ元号制定がなかった）、迫り来る死を悟った天智天皇（中兄大皇子）は弟の大海人皇子（後の天武天皇）を遠ざけ、わが子大友皇子を太政大臣とした。その上で周囲を固めるため蘇我赤兄《あかえ》を左大臣に中臣金《なかとみのかね》を右大臣に任命した。「乙巳の変」をともに闘った血盟の同志、中臣鎌足にはそれ以前に「藤原」の姓を与え藤原一族の尊重を示唆し、これら一連の実務を終えてから皇位継承候補から外した同母弟の大海人皇子を枕元に招いた。

大海人皇子は皇位継承を明確に謝絶して出家を申し出るとともに、倭姫（天智の后）の即位による大友皇子の輔政を提案した。当時の常識からすれば、それが順当だった。

大海人皇子は宮殿内仏殿において剃髪、翌々日には吉野での隠棲を願い出て武器を差し出し、吉野宮へ入った。伴をした者は僅かに四十数名、しかも到着後、半数を飛鳥へ帰した。俗世の野心を捨てたように見えた。まもなく黄泉の国へ旅立つと自覚した天智は五人の重臣たち（犬養五十君《いきみ》、谷塩手《たにのしおて》、右大臣中臣金、左大臣の蘇我赤兄、蘇我果安《はたやす》）と大友皇子を枕元に呼んで盟約をさせている。秀吉が臨終に際して五大老を呼んで秀頼政権を頼むぞと言い置いたような風景が展開されたのだろう。

巷間では壬申の乱の性格について様々な解釈がなされた。

天智（中大兄皇子）vs天武（大海人皇子）の兄弟対立は皇位継承をめぐる確執であったけれども巷間では額田女王《ぬかたのおおきみ》をめぐっての愛憎劇が伏線だという妖しい解説がある。たしかに額田女王を最初に愛人としたのは弟君の天武であり子もなした。その後、天智天皇の室に迎えられ、宮廷歌人として活躍した。当時、寵妃を取り替えたり部下に下げ渡すのは常識であった。天才詩人、額田女王は多くの詩歌を遺したので、壬申の乱前後の社会の動きや世評なるものの移ろいが分かる。井上靖の『額田女王』は、これを筋立ての基軸に置いているが小説は史実ではない。

六七一年師走三日、天智天皇はみまかった。四十六歳だった。

翌年（六七二年）、所用で美濃に旅した舎人の朴井雄君《えのいのおきみ》は山科に天智天皇陵造営のためとして美濃と尾張から事実上の徴兵が進んでいる実態を吉野に隠棲する大海人皇子に報告した。所用というのは言い訳で偵察に赴きがてら各地の豪族と蹶起の前交渉、兵力動員の段取りを組んでいたはずである。同時に伊勢から尾張にかけて近江京からの監視団が存在し、また宇治橋で吉野への食糧搬入が遮断されていた。

天智崩御から半年を経過し機は熟していた。

大海人皇子は忽然として舎人を美濃に派遣し不破関《ふわのせき》の封鎖を実行した。この手際の良さは地方豪族、とくに尾張氏の協力が得られると確信してのこと。半年の間に各地に間諜《かんちょう》を入れ、機を窺っていたのだ。時機到来と判断したら電光石火の動きを見せ、迅速果敢に作戦を遂行するのは軍事作戦の要諦だ。

倭古京留守役の高坂王に駅鈴を要求したが断られた。これを機に吉野を脱出し、伊賀を越えて伊勢方面へ疾駆する。高坂王が近江に通報するのは時間の問題だからだ。吉野から尾張への進路も予め調べ上げていたに違いない。同時に大海人は大分恵尺《おおきだのえさか》を近江に走らせ高市・大津の両皇子に、急ぎ近江京を抜け出して合流することを命じた。ふたりの皇子たちは事実上「近江朝の人質」だから一刻も早く脱出させせなければならない。

尾張へ向かう途次、大海人軍には次々と地元の豪族たちが合流し始めた。これは何を意味するかと言えば地方の豪族らは近江朝のまつりごとに飽き飽きしていたのである。

夜半、伊賀に入り駅家を焼いて、合流を呼びかけると伊賀評造（駐在軍）らが合力した。

近江朝廷は混乱に陥った。大海人皇子の吉野脱出の急報を得た大友皇子は群臣を緊急に招集した。援軍要請のため使いを東国、倭古京、筑紫、吉備に派遣することを決めたが、結局、倭古京以外の豪族は参加を見送った。

尾張と美濃の豪族たちは不破関が既に封鎖されていたため大海人皇子側に味方せざるを得ない。関所封鎖が壬申の乱の勝負を決めたといって良いだろう。

高市皇子が積殖《つみえ》山口（柘植《つげ》）で合流に成功した。鈴鹿では国司の三宅石床《いわとこ》・三輪子首《こびと》、湯沐令《ゆのうながし》田中足麻呂《たなかのたりまろ》の出迎えを受け、鈴鹿山道を封鎖した。帯同した鵜野皇女（後の持統天皇）の疲労が甚だしかったため休息をとった。

翌日、大津皇子も合流した。高市皇子を将軍に任じ不破へ先発させた。東海道と東山道へ援軍派遣要請の使いを派遣し、桑名評家に宿営した。この場所は四日市と桑名の間の高速道路下に位置し、現在、公園として整備されている。また不破関跡には壬申の乱資料館が開設されており当時の関所の想像図や関所跡の石碑などが見学できる。

六月二十七日、尾張国司の小子部《ちいさこべ》氏らが兵二万を率いて大海人皇子に帰服した。大勢が決まった。

七月二日、大海人皇子は全軍に進撃を指令し軍を三方面に分散した。このとき、近江軍に熾烈な内訌が起こり、一部は大海人皇子側に投降した。以前から近江朝廷は渡来人重視に不満を持つ家臣団が相当数いた。このため統率がとれず、命がけで大海人皇子と闘おうとする剛毅の者は少なかった。

飛鳥では大海人皇子側についた大伴吹負《ふけい》が高安城を奇襲攻撃し占拠した。七月五日、大友軍が河内に攻め込んできたため大伴吹負は撤退。大友軍が夜襲作戦に移行したため戦線は一進一退を続けたが七日から反撃に転じ、大伴吹負は大友軍を大破し、勢いに乗って各所で大友軍を破った。

大伴吹負は壬申の乱における殊勲賞であり、蘇我氏によって衰退した大伴一族の復活の弾みをつけたことになる。

「瀬田の決戦」で大海人皇子軍は大友軍を破った。瀬田は以後の歴史でも「大役」を果たした。

「藤原仲麻呂の乱」（恵美押勝《えみのおしかつ》の乱）では吉備真備が戦略を練り瀬田大橋を先んじて封鎖したた

め藤原仲麻呂は湖西方面へ逃げるしかなかった。本能寺の変では瀬田を先に落とされたため明智光秀は信長残党の立て籠もった安土城への進撃が遅れ、これが後日の秀吉勝利に結びついた。瀬田大橋決戦で敗北を知った大友皇子は、山前で自害し物部麻呂が首を持って大海人皇子軍に投降した。勝敗はきまり、大海人皇子（後の天武天皇）が政権を掌握した。

吉野から不破へいたる途次に全軍の士気を鼓舞する目的もあって、大海人皇子は「神秘」の儀式を行っている。当時の軍事作戦には霊感、神秘的な何かが指導者に付帯していると多くは信じていた。不破関近くの野上行宮でも大海人皇子はウケヒを行ってカリスマ性を体現し、必勝を祈念した。

『日本書紀』によれば、名張あたりで次の描写がある。

「横河（名張あたり）に至らむとするに、黒雲有り。広さ十余丈にして天に経れり。時に、天皇異《あやしび》。則ち燭を挙げて親ら式を乗りて、占ひと曰く、『天下両つに分かれむ祥なり。然れども朕遂に天下を得むか』とのたまふ」

これは、天照大神の神威がわれについている、ものども我らが必勝の吉祥があらわれてきたのだ、とする檄でもある。
不破関へいたる道中で伊勢望拝を行う。天照大神いらいの御稜威を思い、戦勝を祈ることは神祇の重みが増していた時代背景がある。これを国文学者の西郷信綱は「古代王権の生理学」と比喩した（西郷『壬申紀を読む』、平凡社）。

野上行宮で大海人皇子は本陣を構え指揮をとった。

「此の夜、雷電なりて雨ふること甚し。天皇祈(受け)ひて曰く、『天神地祇、朕を扶毛玉幅、雷なり雨ふること息めむ』とのたまふ。言ひ吃りて則ち雷なり雨ふること止みぬ」

かくも神がかりな儀式を目の前に実現してみれば、カリスマ性はいやおうにも増すだろう。
天武天皇は即位すると近江京を廃棄し飛鳥へ遷都し直し、また唐とは外交断絶を決意した。計画されていた遣唐使を中断した。同時に国史の編纂が重要として、『古事記』『日本書紀』の編纂を命じた。
要するに天武天皇の企図したことは国風文化の確立であり、文化防衛の闘いであった。政権を掌握するや直ちに国史編さんを命じたのだ。

従来の史観は改めなければならない。

▲高句麗、渤海の再現が北朝鮮

令和五年現在の我が国を取り巻く国防問題とは中国の強圧的軍事力と北朝鮮の核ミサイルである。ロシアの軍事的脅威はかなり薄らいだ。

北朝鮮の核ミサイル、数十発が日本海へ、日本のEEZへ、そして本土を越えて太平洋まで飛翔し、つまりは日本列島全体を蔽う攻撃能力を誇示している。日本の議論は北朝鮮がいずれ韓国を従えて、日本攻撃を狙うという軍事脅威論が主流である。

ところで、北のミサイルの射程地図を「あちら側」にコンパスの角度を変えてみると、樺太（サハリン）、沿海州、旧満州国のほとんど（現在の中国遼寧省、吉林省、黒竜江省、内蒙古、河北省）から山東省、山西省、河南省、湖北省まで、つまり北京、天津、鄭州《ていしゅう》、洛陽、太源、青島、済南を越える。南へ転ずれば、上海から寧波を軽々と跨いで温州あたりまで飛翔可能なのが北朝鮮の核ミサイルの射程である。

中国のネットでは「西朝鮮」という隠語が飛び交っている。これは中国のことを意味し、北朝鮮の核ミサイルは西朝鮮の北京、上海も射程に入れているぞ、とする警告である。

中国が安全保障上の基本として、隣国の軍事力は脅威という認識を体質的に持っており、「この野郎、生意気な」と金親子三代のことを思っているに違いないが、すでに核開発を終え実験を繰り返し、小型化に成功したという情報もあるからミサイルに小型核を装填したと推定されている。ならば最大の脅威を感得するのは韓国であるべきだが、感度が鈍い。日本は非常事態にあるにもかかわらず防空壕もシェルターもない。防御ミサイルがアリバイ証明的にちらほら。つまり国防意識がゼロに近い。

北の核ミサイルを脅威とみなすのは北京も同じである。

歴史を振り返ると、高句麗の建国は紀元前、六六八年に滅亡するまで栄えた。軍事力に突出していた。二世紀に後漢で起きた黄巾党の乱で、シナの王朝が衰えた隙に乗じ高句麗は北部へ進出し、あちこちに山城を造成し、現在の吉林省集安を拠点とした。集安は今でこそ、こぢんまりとした街だが、鴨緑江《おうりょくこう》を越えるとすぐ北朝鮮であり、広開土王の石碑がこの地で発見されたことからも遼寧省から吉林省の南部は高句麗の版図だったのである。

高句麗は最盛期に現在の北朝鮮から沿海州、中国吉林省南部と遼寧省から、韓国の北部半分を抑える地域大国だった。

五八一年に隋が建国され、冊封体制に入るものの高句麗は隋に従う気配はなく、五九〇年に最初の抵抗を示した。文帝が死ぬと隋は煬帝となって、五九八年に水陸三十万の遠征軍を送り

亡命者らは武蔵国に領地を与えられ、現在の高麗神社に祭られた

こんだが。遼河の洪水で隋軍の進撃が阻まれ、撤退した。また突厥の台頭があって隋は高句麗だけを相手にしている場合ではなかった。

六一二年、隋の煬帝は満を持して百万の軍を派遣したが苦戦の末に撤退した。

六一三年　進撃途中に兵站《へいたん》が切れて、またもや撤退を余儀なくされ、翌六一四年にも軍を派遣したが、こんどは隋国内に反乱が起こり退却する。

六一七年　煬帝はまたしても軍派遣を準備したが沙汰止みとなる。さんざん手こずって、結局、随は高句麗に勝てなかった。

日本では百済、任那府との関与が深く、隋と高句麗の戦線状況を把握していたはずである。

六四五年に大和朝廷は乙巳の変で蘇我氏が滅亡したが、この同じ年に唐の太宗は十万を高句麗に派遣し、激戦を続けながら進撃したが、やはり撤退を余儀なくされた。新羅が唐に援軍を求めた。

六四七年、六四八年に唐は遠征に失敗した。六六〇年に十三万の軍を送り、大々的に百済を攻撃し、六六二年に百済は事実上滅んだ。日本に亡命していた王子に五千の兵をつけて、天智天皇は百済救済に立つが、白村江海戦で唐海軍に敗れ、撤退した。

高句麗が滅亡したのは六六八年である。すると新羅は恩ある唐に造反し、失敗した。

遺臣らは日本に亡命してきた。彼らを武蔵国に集団移住させた。その名残が高麗神社である。埼玉県日高市に建立された高麗神社は高句麗滅亡とともに日本に亡命してきた千七百九十九人の帰化人たちを霊亀二年（七一六年）に集団移住させた地域に建立された。伽藍《がらん》は広く、立派なお社《やしろ》である。なんと二〇一七年九月二十日には天皇皇后両陛下(現在の上皇陛下、上皇后)が御親拝されている。

高句麗滅亡から三十年後、渤海国が六九八年に建国された。渤海は安全保障のため遠交近攻策をとり、じつに七二七年から九一九年の間に三十四回、「朝貢」を装って日本に遣いを寄越した。現在のロシア沿海州のポジェト港あたりから出航し、最初の頃は出羽、佐渡島などに漂着した。後半は能登以西の港に着岸した。このため能登には鴻臚館《こうろかん》のような迎賓館が建てられたという記録が残る。

大和朝廷が最初のうち、渤海使を歓迎したものの「朝貢」というからには日本のほうが土産に持たせる負担が大きく、夥しい土産、物資が必要となって、やがて十二年に一度の制度とした。最後は「もう来なくても良い」となった。かれらは情報収集の傍ら朝貢の返礼品が目当てで交易で巨富を得ていたのだ。

中国の皮膚感覚としての高句麗の脅威は、現在の北朝鮮の核戦力の脅威に連結している。三回連続で高句麗に敗北した記憶が中国人のＤＮＡにまだ組み込まれて、時々記憶回路がショートする。

金正日や金正恩が訪中すると、首相クラスが丹東まで出迎えにでるほど、中国も北朝鮮には手こずっている。

十数年前だったが、筆者は大連で渋滞に巻き込まれ、信号で四十分待ちとなった。黒塗りの高級車が四十数台、パトカーを先頭に大きな交差点を横切ったので「誰か？」と尋ねると「金正日ご一行様」だった。

第六章

藤原仲麻呂の乱（恵美押勝の乱）の鎮圧は唐風との絶縁に繋がった

▲藤原鎌足と子供たち

『藤氏家伝』が中臣鎌足から始めるのは当然である。そもそも中臣連は天児屋命《あめのこやねのみこと》を遠祖とし、瓊瓊杵尊の天孫降臨に随伴して、五穀豊穣を祈る神儀を担ってきた神祇《じんぎ》名流である。

欽明、用明天皇期あたりから中臣氏は古代からの神道の擁護者だった。伝統を守護する立場である。この頃の中臣鎌足は「鎌子」と名乗った（小野妹子、蘇我馬子など「子」は男が名乗った）。

伝統を軽んずる仏教によって蘇我氏の汚れた政治の刷新を企図し、鎌足はクーデターの旗頭を探していた。拝仏派で帰化人を束ねていた蘇我氏の専政を許せなかった。鎌足から言えば蘇我氏は仏教を政治武器として活用している野心家という認識であり、それが日本にもたらすであろう悪影響が杞憂の材料だった。

中大兄皇子は、蘇我氏の専横への義憤というよりもいずれ自分が奴らにやられるという脅威が目の前にあって「殺られる前に殺れ」という考えが先行した。偶然、中臣鎌足の政治刷新への熱意と意気投合したのである。これが「乙巳の変」の思想的な本質であって前章までにみてきたが、現代日本の歴史家は意図的にこの部分の考察を怠っている。乙巳の変が結果的に大宝律令制定へ繋がって効果を上げたという社会工学的な、あるいは社会構造の改革を前向きに評価するのである。

前後関係をさきにみておこう。

『藤氏家伝』が一行も言及していない大物は藤原不比等である。

鎌足の次男が藤原不比等とされているが、不比等は天智天皇の御落胤である。でなければ、不比等以後の藤原一族があれほどまでの栄華栄光を達成できたか、神祇程度の人物（鎌足）の子供たちが天皇家の中枢につぎつぎと血族を送り込むことが可能だったか。

周囲に反対があっても声にならなかった理由、その貴種、その血脈的背景があったからと了解できる。

げんに『大鏡』（現代語訳保坂弘司、講談社学術文庫）は次のように書いている。

「藤原氏の末裔から多くの天皇・皇后・大臣・公卿がさまざまにお出になりました。さて、この鎌足公を、この天智天皇がたいそうご寵遇あそばして、ご自分の女御を一人、この大臣にお譲りになりました。そのとき、その女御が普通のお身体ではなく、ご懐妊している子が、男ならば大臣のこととしよう、おんなならば自分の子とお考えになって（中略）、じつは天智天皇の皇子で、表向きは『鎌足公の次男』におなりになったのです」

のちに不比等の長男が武智麻呂で左大臣、次男は房前で参議に。不比等の媛のうち「宮古姫」が光明皇后となり、安宿媛が聖武天皇の女御となる。

不比等が史書に登場するのは三十一歳のときで、それまで彼が何をしていたかは空白。また当時、藤原史《ふみ》と記載されており、不比等のような不出生の英雄を意味する名前ではない。『藤氏家伝』には不比等直系の藤原仲麻呂に一行の言及もないのも仲麻呂自身が編纂に参画していたからだ。

やがて藤原仲麻呂は近衛軍団を掌握し、天皇を操る独裁者となり、そのあまりの横暴に道鏡と組んだ称徳天皇の不興を買った。不利を悟った仲麻呂は反乱を企図し、見事に失敗して血族郎党三十四名が琵琶湖西岸の高島の乙女池あたりで斬に処された。因果応報だった。この鎮圧こそシナに染まった外国かぶれの藤原仲麻呂政権を根底から破砕した文化防衛の闘いだった。今日の政治で言えば仲麻呂は病的な親中派だったのだ。

中大兄皇子は蘇我氏から政権奪取するために強力な参謀と実践部隊を必要としていたことは述べた。

中臣鎌足が最初に目をつけていたのは軽皇子（のちの孝徳天皇）だった。

「中臣鎌子連を以て神祇伯《かむつかさのかみ》に拜《め》す。再三に、固辞びて就《つかへまつ》らず。病を称して退でて三島にはべり。時に、軽皇子、（中略）深く中臣鎌子連の意気の高く逸れて容止犯れ難きを識《し》りて、乃ち、寵妃安倍氏を使ひたまへり。別殿を浄め掃ひて、新しき寝床を高くしきて、具さに給がすといふことをなからしめたまふ」（岩波文庫版『日本書紀』）

分かりやすく言えば軽皇子（後の孝徳天皇）が愛妾の一人を鎌子に下げ渡し、ハニトラで関心を引いて陣営に取り込もうとしたのである。前にも述べたように愛妾はすでに軽皇子の子を妊娠しており、その子が鎌足の長子とされる定慧である。

中臣鎌足は当初、改革の立役者を軽皇子に賭けた。やがてその器量と思慮の深くないことを知り、乗り換えた先が蹴鞠で知り合った中大兄皇子だった。蹴鞠は平安時代の貴族の遊びと言われるが、七世紀には普及しはじめていた。いまでも正月三日には京都下鴨神社で平安時代の衣装を着た毬人が蹴鞠を演ずる。ブッシュ・シニア大統領が来日し蹴鞠を見たとき、スポーツマンだった大統領自ら、その輪にはいって蹴鞠を愉しんだ。

乙巳の変の直後に皇統を継承したのは軽皇子（孝徳天皇）である。中大兄皇子は年が若くまだ表舞台にでるには早すぎた。

この場面を『藤原家伝』はいかに記述したか、大いに興味が高まる。
三島に隠棲していた中臣鎌足は、軽皇子とは以前から親しかった。

「軽皇子は、鎌足が遠大な構想をもち、賢明な計画をたてる能力が普通の人よりもぬきんでていることを知って、特に礼儀をもって手厚く待遇し、鎌足とよしみを結ぶように取りはからった。そこで寵愛する妃に命じて、朝に夕にそばについて世話をさせた。住まいや飲食は、普通の人とは異なる特別待遇であった」(ちくま文庫版『藤氏家伝』)

念のため原文は「軽皇子、即知、雄略宏遠、智計過人、計特重礼遇、令得其交。専使寵妃、朝夕待養。居処飲食、其異常人」である。

中臣鎌足の長子となった定慧は軽皇子の御落胤。軽皇子は皇位を継いで孝徳天皇となられるが、その在位は六五四年、つまり定慧の留学中のことで孝徳天皇在位中だったから、唐でも馬車を仕立てての特別待遇だった。いかに聡明とはいえ、十一歳で遣唐使に加えられ、唐土で学ぶというのは異常である。将来を期待されたのだから、適切な厚遇とも取れるし、軽皇子側から言えば面倒なことになりそうだから外国へ追いやったともとれる。唐でも定慧が特別の厚遇をうけていたという事実は単なる学僧の留学ではなく、皇族の認定があったからに違いない。

鎌足の「我が子」への愛情が希薄なことに留意した歴史家は意外と多い。『藤氏家伝』では「鎌足は親の子に対する温情を断ち切って、定慧に優れた学才を身につけさせようとした」と論理の置換がある。

定慧は六五四年に渡航し十二年間に亘った留学を終えて帰国した。

「百済の士人が貞慧の才能をねたみ、ひそかに毒を飲ませたために、その年の十二月二十三日に大原の自宅でなくなった。享年二十三であった。僧侶も俗人も涙をぬぐい、朝廷の人も在野の人も心を痛めた」（藤氏家伝）

定慧が帰国したとき、孝徳天皇の後継は皇極が重祚《ちょうそ》して斉明天皇（天智・天武の母親）となっていた。斉明天皇は白村江の戦陣で急死、天智天皇の称制に移行した。

天智には大友皇子がいた。天智は実弟の大海人皇子（天武天皇）を最初は後継とみていたが、実子が生まれたら、たとえ大友皇子の母が卑賤の豪族の娘で豪族たちの支持が集まらないとしても我が子へ継がせたい。この状況に孝徳天皇の御落胤が帰国したって？　定慧は帰国の時期を誤断したことになるが、天智から天武天皇になっていて、定慧の帰国直後から唐とは絶縁状態となった。

すなわち六六五年に遣唐使が渡り、次は六六九年にも派遣されたらしいが、記録があるだけで実証はなく、次に遣唐使を送るのは七〇二年である。六六九年に派遣していたとしても以後三十三年間、日本と唐との交流は途絶えたのである。

これが天武天皇（在位六七二～）が静かに措置した唐との断交である。

▲敗戦後の国防体制

白村江の敗戦ののち、日本は何をしていたのか？

『日本書紀』に曰く、「筑紫に大堤を築きて水を貯えしむ」。

博多湾から太宰府への途中、大野城と小水城に挟まれた福岡平野の隘路に長さ一・二キロ、幅八〇センチ、高さ一〇メートルの土塁を積み、その内外に壕。土塁の下部には木製の導水管が設置された。水城は当時の最新工法を用いた城壁であり関所を兼ねた。

元寇の六百年も前に、祖国防衛という意味では歴史的に極めて重要な遺蹟がこの水城である。あの蒙古を破った鎌倉武士、その防塁をシラク仏大統領が見たいと言ったことがある。日本ファンだったシラク大統領は訪日時に九州場所の相撲を観戦した。そのとき「熱望したのが元寇の記念碑訪問。「なぜ日本は二度までも外敵を防げたか」の疑問からだ（山口昌子『パリ日記』第二巻、藤原書店）。

元寇を防いだ防塁は海浜に二十キロにも及び福岡市内にも要所に石垣などで構築された。その一部が保存されている。西新駅から「サザエさん通り」を曲がり、西南学院大学の敷地内と対面の公園に「元寇神社」（小さな祠と石碑だけ）があって、当時の塚が松の木に囲まれている。

天智天皇の御代、日本は朝鮮半島に大軍を派遣し百済に梃子《てこ》入れしたが新羅と唐が合同した水軍に敗れ、引き揚げた。天智天皇は国防強化を急ぎ、近江京に遷都し、西国の豪族らに防人、防塁、城塞建設を急がせ太宰府の手前には巨大な水城を構築した。建築専門家の推定で一日あたり三千五百名を動員し、平均十一時間の重労働をもって三百十九日間で完成させた計算になるという。

六六三年、白村江の敗戦の翌年に早くもこの未曾有の水城は完成している。どれほど危機意識が激甚で、国を挙げて防衛体制の構築を急いだかが分かる。あすにも敵軍が来襲するという強迫観念に取り付かれていたからだ。

六百年後、高麗に唆《そそのか》されたフビライは日本侵略のために大軍を送り込んできた。

歴史教科書は「神風」が吹いて、敵軍は沈没し辛勝したと簡単に纏めているが、蒙古軍を敗退させた主因はカミカゼではなく鎌倉武士が強かったからである。

元寇の戦いは博多湾沿岸が主戦場となったが、後詰《ごづ》めに七世紀に構築された水城も後衛陣地として防衛の役目を担った。

武士道は鎌倉時代に骨格が生まれ、精神的な強みが加味されて確乎たるものとなった。

元寇は二回あった（文永の役一二七四年、弘安の役一二八一年）。初回は高麗が九百艘の軍船建造を命令され、朝鮮半島の森林は伐採され枯野となった。軍船には突厥、胡人、女真族、契丹、さらに黒人も「蒙古兵」として加わっていた。蒙古の将官は少なかった。防塁と勇敢な日本武士の戦いぶり、不気味な音響とともに飛翔する鏑矢《かぶらや》の応戦に蒙古軍は引き揚げた。

二回目は南宋軍も南から合流した。フビライ・ハーンにとっては高麗兵も、宋朝の生き残り兵士も使い捨てである。二十世紀に松浦海岸の海底から引き揚げられた船には農耕具、脱穀機などが積載されていた。南宋からの軍団は日本への亡命希望者だった。

防人たちの奮戦により蒙古勢はまたまた撤退したが、懲りないフビライは三回目を準備して軍船を建造していた。同時に台湾、ベトナム、ジャワを攻め立てたため、疲れがでて、日本攻略は中止された。

現在の日本の史学界では、藤原不比等の天智天皇御落胤説を首肯する人はほとんどいない。

「（このような説話は）藤原摂関家の遠祖ともあおがれるにいたった不比等を『皇胤』とすることによって、血脈のいわれを権威づけようとした後代の作為といえよう」（上田正昭『藤原不比等』、朝日新聞社）

いわゆる「藤原レジューム」とは鎌足を始祖としつつ、事実上は藤原不比等から本格化した。鎌足は神祇伯（この時代は「伯」がつかなかったが）であって仏教を排斥する立場から乙巳の変後は神仏習合にスタンスを変えているが、仏教を信仰した跡はない。藤原不比等からは仏教を篤く敬うようになって中臣氏の思想的立場からは遠ざかっているのである。

不比等は娘たちをつぎつぎに天皇家に入内させ、宮子を首《おびと》皇子（のちの聖武天皇）に、また犬養三千代との間にできた安宿姫（後の光明皇后）を首皇太子妃とし、その孫が阿倍内親王（後の孝謙天皇）となり政略結婚による権力基盤を構築し、屈指の政治家となるのである。

四人の男子が南・北・京・式家をたてた。すなわち長男の武智恵麻呂が南家を、次男房前《ふささき》が北家、三男宇合《うまかい》が式家（宇合は遣唐使大使にもなった）、四男麻呂は京家を立てて「藤原四兄弟」による準独裁政治が確立した。しかし藤原氏は蘇我氏がそうであったように有力な皇子を排除したため四兄弟は長屋王の祟りとされる疫病にかかりつぎつぎと死んだ。

藤原不比等の躍進は持統天皇との二人三脚からはじまった。南家から独裁をほしいままにしたが最後に非業の死を遂げる藤原仲麻呂が出た。式家《しきけ》からは広嗣（北九州で反乱を起こし斬）、種継（長岡京造成のおり暗殺）がでた。

藤原南家は仲麻呂の反乱により滅亡するが、ほかはたくましく生き残り摂関家となって藤原忠通が近衛、鷹司《たかつかさ》、九条、二条、一条という五摂家の祖となる。

藤原北家の稀有の出世頭となるのは藤原道長だ。「この世をばわが世とぞ思ふ望月の欠けたることもなしと思へば」と謳った増上慢《ぞうじょうまん》に繋がった。

▲長屋王の変とその闇

閑話休題。藤原氏の栄華は続いた。

天平元年二月十日に何が起きたか。『続日本紀』はこう書いた。

「左京の住人である従七位下の塗部造《ぬりべのみやつこ》君足《きみたり》と、無位の中臣宮処連東人《なかとみのみやこのむらじあずまびと》らが『左大臣、正二位の長屋王はひそかに左道（呪術）を学び、国家を倒そうとしています』と密告した。天皇はその夜、使いを遣わして三関を固く守らせた。またこのため式部卿・従三位の藤原朝臣宇合《うまかい》・衛門佐《えもんのすけ》の従五位下の佐味朝臣虫麻呂・佐衛士佐《さえじのすけ》の外従五位下の津嶋朝臣家道・右衛士佐の外従五位下の紀朝臣佐比物《さいもつ》らを遣わして、六衛府の兵士を引率して長屋王の邸を包囲させた」（宇治谷孟『続日本紀・全現代語訳』、講談社学術文庫。以下、「宇治谷訳」と略す）

ここに登場する藤原宇合は「藤原四兄弟」の次男だ。

翌日、長屋王に対して急な取り調べが行われ、厳重に邸宅を捜索し、王妃の部屋から呪術の器財などを発見、事実を鋭く追求した。王妃吉備内親王が妖術に凝っていた「証拠」なるものが出てきた。あらぬ疑いと抗弁したものの二月十二日に長屋王は自裁した。妻子ら（吉備内親王、膳夫王、桑田王、葛木王、鉤取王等）も首を括って死んだ」（続日本紀）。

つまり長屋王とその子供たちは皇位継承権の最強の位置にあったが、突如、排除された。藤原四兄弟の策謀により聖武天皇系に皇位継承が移行したのである。

二月十三日、長屋王と吉備内親王の遺骸を生駒山に葬る。あまりにも処理が早すぎるので、長屋王の追い落としに仕組まれた謀略と言われた。長屋王は天武天皇の皇子・高市皇子の息子である。その妃のひとり王妃吉備は天武天皇の皇子・草壁皇子の娘。長屋王は嫡流の皇位継承ナンバーワンの位置にあった。

聖武天皇のもとで長屋王は事実上の宰相、政治力は聖武天皇を凌駕していた。長屋王の邸宅は一万八千坪という広大な敷地だった。優雅な庭には池、その池に鶴。氷室、大きな倉庫などが建てられていた。この邸は首相府と同然でもあり交易センターを兼ねた。平城京の北には詩歌の宴を催す高楼（作宝楼）が設営され、文化人、外国人、宮廷歌人等があつまる「文化サロン」があった。長屋王邸でも詩歌、文学、史学、薬学のほかに仏教、儒教、道教、医学、占星術や陰陽道が語られ、話題のひとつには「左道」も語られたのであろう。

事件の直後、聖武天皇は勅した。

「長屋王は残忍邪悪な人であったが、ついに道を誤って悪事があらわれ、よこしまの果てに、にわかに法の網にかかった。そこで悪事の仲間を除去し、絶滅させよう（中略）。外従五位下の上毛野朝臣宿奈麻呂ら七名は、長屋王と意を通じていたことがとがめられ、いずれも流罪に処せられた。その他の九十人はすべて放免された」（『続日本紀』宇治谷訳）

密告した二人は位が上がった。とくに東人にいたっては七階級特進、ありあまる田畑が与えられた。

長屋王は妖術を使い、潜在敵を呪ったからだと強く示唆した。長屋王の自決事件の顛末はそれだけの記述しかないが、歴史を震撼させる出来事だった。「長屋王」は木簡に「長尾親王」とあり、その最高権力者を誣いたのだから、藤原四兄弟による権力転覆のクーデターであったことは明らかだろう。

藤原不比等は当初、長屋王とは持ちつ持たれつの良好な関係だった。その子ら（藤原四兄弟）にとって長屋王はうざい存在、政治的野心を前に排除すべき対象でもあり四兄弟の最大の障害だった。

皇位継承を巡って長屋王は正論は吐き続けたからである。

「藤原権力にたいして、正統な天皇の血筋が長屋王にあることを隠さなかった（中略）むしろ、藤原氏の血を半分引いた聖武天皇よりもはるかに正統であった。もし持統天皇がこだわったように、天武王権を尊重する論理がここに主張されれば、あきらかに長屋王の血筋は正統かつ純粋なのである」（辰巳正明『悲劇の宰相長屋王』、講談社選書メチエ）

報いはきた。四兄弟は疫病にかかり次々と死んだ。「長屋王の祟り」と言われた。

そして長屋王の自決から十年の際月が流れた。天平十年七月十日、大伴宿祢子虫が外従五位下の中臣宮処連東人《みやところのむらじあずまびと》を斬殺した。子虫は長屋王につかえて厚遇を得て経歴があり、たまたま宿直で東人と碁を打っていた。話題が長屋王に及び、子虫は激怒して斬りつけ東人を殺害したのである。東人は長屋王を密告した張本人だ。因果応報、天網恢々疎にして漏らさず。そして十年後の『続日本紀』の項目をみると、東人について「長屋王のことを、事実を偽って告発した人物」と評価替えが行われている。聖武天皇は十年後に気がついたということなのか。

昭和六十三年（一九八八年）に奈良市内の再開発工事の最中、巨大な遺構が発見された。大々的な発掘作業が開始され、長屋王の邸宅跡と確定された。広大な敷地跡から、出るわ、出るわ。木簡およそ十万本が出土した。

これにより長屋王が当時の最高権力者であり、日本の事実上の宰相であったことが確認された。

長屋王邸宅から出土した木簡のうち、重要なものを選んで奈良国立文化財研究所篇『平城京長屋王邸宅と木簡』（吉川弘文館）など幾冊かの研究書や写真集がある。

長屋王邸宅跡は近鉄新大宮駅の南側で、その後、イトーヨーカ堂、そごうデパートが建った。令和五年現在、ショッピングモール「ミ・ナーラ」という商業施設（新大宮駅からバスが出ている）となっている。その前の広い歩道に案内板（記念碑）がある。

藤原不比等、四兄弟の栄華は次の藤原仲麻呂の全盛時代へと移行する。

▲渤海からの使者

このころ、高句麗は滅亡して渤海国が建国されていた。大陸と半島情勢から渤海は日本へ使いを送ることを決めた。

神亀五年（七二八年）正月十七日、聖武天皇は渤海国からやってきた使者を宮中に招き入れ書状を受け取った。渤海国は高句麗のあと、勃興したツングース系満州族の王朝だった。

渤海王からの書状は次の主旨で友好を呼びかける内容だった。

「両国は山河を異にして、国土は遠く離れています。遙かに日本の政教の風聞を得て、ただ敬仰の念を増すばかりであります。恐れながら思うのに、日本は天朝は天帝の命を受け、日本国の基を開き、代々栄光を重ね、祖先より百代にも及んでいます。武芸は忝なくも、不相応に諸民族を支配して、高句麗の旧知を回復し、扶余の古い風俗を保っています。ただし日本とは遠く隔たり、海や河がひろびろと広がっているため、音信は通ぜず慶弔を問うこともありませんでした。しかし今後は相互に親しみ助け合って、友好的な歴史に叶うよう使者を遣わし、隣国としての交わりを今日から始めたいと思います。

そこで謹んで寧遠将軍郎将の高仁義・遊将軍果毅都尉の徳周・別将の舎航ら二十四人を派遣して書状を進め、併せて貂の皮三百枚を持たせてお送りします」(『続日本紀』宇治谷訳)

天皇は歓迎宴を催し、正六位上を授け、雅楽でもてなしたうえで禄を与えた。二月十六日に引田朝臣虫麻呂を渤海使に送る使者に任命、四月十六日に渤海王に次の書状を認めた。

「王が旧高麗の領土を回復し日本との昔の修好を求めていることを具《つぶさ》に知った。朕はこれを喜ぶものである。王はよろしく仁義の心で国内を監督撫育《ぶいく》し、両国は遠く海を隔てていても今後も往来を絶たぬようにしよう。そこで首領の高齋徳らが帰国のついでに、親書ならびに贈り物を持たせる云々」(『続日本紀』宇治谷訳)

天正四年、正月二十二日、こんどは新羅から使いが来朝した。

百済を唐と組んで滅ぼした国であり、日本にとっては軍事的脅威である。その新羅使がぬけぬけとやってきた。長年にわたる敵対関係にあったため二カ月近く太宰府に留め置き(疫病対策のため二カ月程度留め置くのは当時の常識)、三月五日に新羅大使の金長孫らを招くことを決定、新羅使ら四十人が入京した。

五月十九日に天皇に拝謁し、鸚鵡《おうむ》一羽、蜀の犬、驢馬《ろば》二頭、騾馬《らば》二頭を奉った。二日後に朝堂で歓迎の宴を催した折、天皇は「来朝は三年に一度でよい」とした。六月二十六日、新羅使は帰国した。厚遇したことにして適当にあしらったのである。

折り返し大和朝廷が派遣していた遣新羅使が帰国し、次の大使に多治比真人広成《たじひのまひとひろなり》を任命した。ついで中臣朝臣名代を遣唐使に任じ、準備を急がせた。

その後、天平七年（七三五年）の金相貞入京があった。しかし以後は、新羅はたびたび来朝しても太宰府に留め置き、京入りを許さなかった。一方、すでに日本に居留している新羅人徳師らが武蔵国埼玉郡にあって請願があり、金の姓を与えた。この流れが現在、埼玉県日高市にある高麗神社であることはさきに触れた。

天平五年（七三三年）に浪速津から遣唐使船四隻が出航した。

翌天平六年に藤原武智麻呂（不比等の子）を従二位に、藤原仲麻呂（武智麻呂の子）に従五位下《じゅごいげ》を与えた。武智麻呂は右大臣となった。とくに聖武天皇の御代は疫病、地震、洪水、飢餓が連続し、写経、大勢の僧侶を集めて読経（声明＝しょうみょう）とひたすら祈るのである。祈れば治るというのが当時の医学だった。加えて疫病の被害報告があれば当該地区に免税措置、罪人の恩赦、仏教寺院の拡大を図った。たとえば皇太子の病気回復を祈願して、観世音菩薩像を百七十七体、観音経百七十七部を転写し、ひたすら仏像を拝し、教典を転読し、仏殿の周囲を読経しながら廻り、疫病の撲滅を願った。しかし祈願空しく聖武天皇の子はみまかった。

天平七年（七三五年）四月、遣唐使だった吉備真備以下が帰国した。

とくに吉備真備に注目である。後節で詳細をみるが、真備は下道《しもつみち》真備と呼ばれ、シナから唐礼百三十巻、暦十二巻、楽器、楽書要録十巻（則天武后が選んだ音楽書）、新型の箭二十本などを献上、従八位だった真備は従六位、翌年には従五位に躍進した。五位以上は廟議に参席できるから異例の昇段だった。

新羅への使節も途絶してはおらず、遣新羅使に新たに阿倍継麻呂を任じた。かれは天平九年に帰国し「新羅が従来の礼儀を無視し、使節を受け入れなかった」と報告した。朝廷は静かな怒りに包まれた。

帝自身、平城京に落ち着かずに、あちこちを転々とした。加茂に恭仁京を建設し、にわかに首都とするなどのジグザグを描き、片時も落ち着かないのである。恭仁宮跡は加茂駅から徒歩二十分ほど。市民公園とキャンプ場になっており宮殿跡の一段高い丘には石碑が立っている。筆者が撮影した日は行楽客が多く数軒の屋台がでていた。この宮が置かれた加茂は奈良のすぐ北である。

疫病が猖獗したため、太宰府を一時的に閉鎖した。遣隋使の頃から外国使節の船が入る度に伝染病が報告された。当時も武漢肺炎（ＣＯＶＩＤ19）のような疫病はシナからやって来た。使節団が罹患していないことが分かってから上京を許された。外国から船が着く度に疫病の発生、蔓延が報告され、単に祈るだけでは疫病の猛威は収まらず、聖武天皇は天平二年に防人の徴兵を中断し、兵を出身地へ返し、ついには太宰府政庁の閉鎖を命じた。今日でいうロックダウン（都市封鎖）に該当する。

聖武天皇の御代、藤原一族の首脳陣が次々と疫病に倒れ、従五位以下だった藤原仲麻呂が驚くべき迅速さで出世階段を一気に駆け上った。

藤原不比等の次男、藤原房前が四月にみまかり、七月に藤原麻呂（不比等の四男）が死去した。天皇は朝廷での執務と取りやめ、隔離状態になった。同月下旬、藤原武智麻呂（不比等の長男）が薨《こう》じた、翌月、藤原宇合が死去。かれは不比等の三男。これで藤原四兄弟全員が死亡し、藤原仲麻呂のサイコロの目が変わった。仲麻呂の野心は藤原四兄弟より深く、その傲慢さは後の道鏡とて到底およばないほどだった。

遣唐使として帰国した吉備真備は周囲から出自が低かったため嫉妬され、不満が燻っていた。従八位から従五位に異例の出世を遂げ朝廷で重きをなしたので藤原一族が真備を目の仇と意識するのも、かれらの強敵となる橘諸兄と親しかったからだ。

橘諸兄は美奴王《みぬおう》（葛城）と県犬養美千代《あがた》の間に生まれた。ところが県犬養美千代は美奴王と別れ、藤原不比等夫人となって安宿媛を産んだ。橘諸兄は宿祢《すくね》を希望したが、中国古典「礼記」により諸兄としたらしく天皇家に近い存在を印象づけた。

藤原四兄弟が死ぬと、一時的に橘諸兄に幸運の星が纏《まと》った。政権首班、右大臣となり、次第に頭角をあらわしてきた藤原仲麻呂と対立する。

聖武天皇は長屋王の怨霊から逃げようとものの けに憑かれ、合理性のない遷都を繰り返す一方で、東大寺大仏が象徴するようにあちこちに仏閣建立を急ぎ、日本のまつりごとは、この聖武天皇の仏教への帰依と遷都症候群を基軸に動く。当時の宮廷人や豪族や知識人の思考体系には合理主義の精神はない。知識人にも合理主義の目覚めはまだない。

「（聖武天皇の性格は）政界、仏教界の担当者にとって、きわめて利用しやすいものとなる。天皇の意思に沿うような態度を示して信任を得、あるいは天皇の希望の理解者としての立場を取りながら、政敵を斃すことが可能になってくる」（亀田隆之『皇位継承の古代史』、吉川弘文館）

天平十二年（七四〇年）に藤原広嗣が筑紫で兵を挙げて失敗し、この時に橘諸兄が恭仁京への遷都を促した。だが新都造営は手間取り、聖武天皇の移り気は平城京へもどり、徐々に橘諸兄の政治力は衰え、恭仁京遷都の失敗は藤原仲麻呂の勢力拡大に繫がってしまう。

天平勝宝七年（七五五年）、天皇が病に伏し、翌年に諸兄は自ら右大臣を辞職した。藤原仲麻呂の天下が来た。これに不満を持つ息子の橘奈良麻呂はクーデター未遂に斃れた。もっともこのクーデター未遂は藤原仲麻呂のでっちあげた罠である。潜在的な候補の間に熾烈な死闘が演じられた。このスタイルこそまさにシナから伝わったのである。

聖武天皇陵を見学すると分かるが、平地に簡素なしつらえ（奈良市佐保稜）、奥まって光明皇后の陵もある。この夫妻の御陵には壕もなければ盛土しただけのシンプルさ。古墳時代は終わっていた。

▲吉備真備、弓削道鏡、そして藤原仲麻呂

藤原仲麻呂の絶頂はかなり長く続いた。

『続日本紀』に拠れば、天平宝字二年（七五八年）八月二十五日に淳仁天皇は藤原仲麻呂を右大臣に任命し、シナの周礼制度にならって「大保《たいほう》」とした。権力の頂点である。周王朝で「大

保」とは帝の守り役、「太子」は天子の師匠格。「大溥」は国政参与だった。

淳仁天皇は仲麻呂の邸で起居し、帝王学は仲麻呂に訓育《くんいく》され、つまりは仲麻呂の操り人形となった。恵美押勝などという名前を授与したのも淳仁の発案ではないだろう。

淳仁天皇は『続日本紀』では、次のように述べたことになっている。


「善を賞め悪を懲らすというのは、聖人たる君子の格言であり、功績を賞め労に報いるのは賢明な君主の常則である。ところで大保の藤原仲麻呂は、朝夕怠ることなく精勤に職責を守り、君主に仕えるのに真心を以てし、つとめを果たすのに私心がない。部下が愚拙でもあれば一族の者でもその官位を下し、賢良であれば怨敵でも推挙する。反逆の徒（橘奈良麻呂を指す）を戦う前に鎮圧したので、人民も安泰を得、国家の基を危うくすることを未然に防止したので、皇室の統治は永く続くことになった。国家が大乱に陥ることがなかったのは、まずこのような人がいたためである」（宇治谷訳）

ほぼ絶賛に近い。仲麻呂が起草した文章かと思えるほどだ。

だが光明皇后がみまかり、仲麻呂を毛嫌いするようになった孝謙天皇が即位して、淳仁天皇を煙たがり、険悪な関係となった。それまでは仲麻呂は孝謙天皇と閨房《けいぼう》関係にあったとされ、その閨房の乱れに対して道鏡だけを批判しては一方的である。

頼山陽『日本政記』は「道鏡は薛《せっ》懐義のごとく、仲満（仲麻呂）は張昌宗のごとくして、しかも勢力は皆これに過ぐ。権をたのみ乱を作すは」云々と鋭く指摘する。薛懐義《せっかいぎ》も張昌宗も則天武后に寵愛され出世したという共通項がある。孝謙天皇は寵愛の対象を乗り換えたのだから頼山陽は則天武后にたとえたのだ。

藤原仲麻呂の世は唐突に終わりを告げた。孝謙天皇は病を治癒してくれた道鏡をすっかり寵愛するようになり、仲麻呂を遠ざけはじめたのだ。

七六三年、興福寺別当で仲麻呂派だった慈訓《じくん》が解任された。後任は誰あろう、弓削道鏡だった。同年に苦労して渡海してきた名僧の鑑真が死去した。道鏡が孝謙天皇に閨《ねや》で何を囁いたかは定かではないが、図に乗りすぎた藤原仲麻呂の討伐が準備されていた。

いわゆる「藤原仲麻呂の乱」（恵美押勝の乱）の鎮圧に老躯をかって登場するのは吉備真備、このとき七十一歳である。

真備は学者であり、遣唐使として唐に派遣されること二回。長安にあっては阿倍仲麻呂とならぶ有名人だった。二人は友人だった。阿倍仲麻呂は帰国船の難破により遙か安南へ流され、ベトナムの王にまつりごとと兵を教え、やがて長安にまい戻り、玄宗皇帝にふたたび仕えて側近中の側近になった。安禄山の乱が起きるや玄宗皇帝を守り、ついには三笠の山に帰ることが不可能となって唐土で没した。

天の原　ふりさけ見れば　春日なる
　三笠の山に出でし月かも

阿倍仲麻呂の石碑が西安にも建立された。筆者は二十年ほど前に撮影に出向いたことがある。玄宗皇帝が政務を執った宮跡地は公園となり（興慶宮公園）、その跡地の一角にかなりの敷地を占める。公園内を散歩する中国人は誰も阿倍仲麻呂を知らず碑文を気にしている風情はなかった。

阿倍仲麻呂と並んだ秀才、吉備真備は天文学、軍事学をマスターし、多くの仏典、書籍を持ち帰って称賛された。この名声を妬んだ藤原仲麻呂は吉備真備を冷遇し、太宰府に左遷した。天平宝字八年（七六四年）九月、藤原仲麻呂は都督四畿内と三関（鈴鹿、不破、愛発《あらち》）ならびに近江、丹波、播磨などの兵事使となり、この面妖な、しかも唐突な任官は訝しいとされた。同年、吉備真備が太宰府から帰任し要職に就いた。藤原仲麻呂は劣勢に立たされたことを自覚する。

すでに二年前から仲麻呂暗殺計画が練られており藤原広嗣の変もあったが、首謀者らは筑紫、肥前あたりに左遷されただけの謹慎処分だった。藤原仲麻呂の権勢が揺らいだのは女婿の藤原御楯が死去し、自らの軍事力が明確に削がれたこと。後任の授刀衛督にライバル藤原北家から、正志（四等官）には道鏡の弟が就任した。

すなわち王城護衛軍は仲麻呂の統制から離れた。

高野天皇（孝謙天皇、のちに称徳天皇として重祚）に絶大な信頼を寄せられ、「法王」の位に就いた弓削道鏡は、かつて仲麻呂が仕掛けたような謀《はかりごと》をあみだした。

仲麻呂の失脚を謀る計画は孝謙天皇のもと、軍略は吉備真備が臨機応変に立案し軍隊の動員計画をすすめた。真備はまず瀬田大橋を先回りして落とさせ、つぎに官軍を愛発関《あらちのせき》（琵琶湖北東、余呉《よべ》あたり）に先回りさせた。この基本の軍略は奏功した。

仲麻呂は危険を察知し行動に移った。近江から越前へ逃亡し、越前国府に赴任している息子のもとで態勢の立て直しを図ろうとした。

吉備真備は朝廷軍を先回りさせ、瀬田大橋から近江への行く手を阻み、湖西方面へ仲麻呂軍を追いやり、要衝をすべて抑えた。

▲印璽を盗み、塩焼王を立てる

『続日本紀』が続ける。

「（七六四年）九月十一日　大師の藤原恵美朝臣押勝（藤原仲麻呂のこと）が謀反を企てていることが、はっきりと漏れた。高野天皇（孝謙天皇）は少納言・山村王を遣わして、中宮院（淳仁天皇の御所）の駅鈴と、内印（天皇の御璽）を回収させた。押勝はこれを聞いて、息子の訓儒麻呂《くすまろ》らに待ち伏せさせ、これを奪わせた。天皇は授刀少尉の坂上苅田麻呂と授刀将曹の牡鹿嶋足《おしかのしまたり》らを遣わし訓儒麻呂らを射殺させた。すると押勝は中衛将監の矢田部老を遣わした。老は甲をつけ馬に乗り、さらに詔使をおびやかした。天皇側が命じた授刀舎人の紀舟守は、また老を射殺した」

この箇所に「大師」とあるように、形式上、仲麻呂はまだ最高権力者だった。天皇側の動きは迅速だった。大師・正一位の恵美押勝とその子孫らが反逆したので、官位をすべて剥奪し、財産などは没収させ、鈴鹿、不破、愛発の三つの関を厳戒態勢におく。そのうえで吉備真備を正四位下から従三位とするなど側近を昇格させ鎮圧軍を編成した。

『続日本紀』に戻る。

「この夜、押勝は近江に逃走し、官軍はこれを追討した。九月十二日、高野天皇は次のように勅した。

朕が今聞いたところによると、逆臣恵美仲麻呂は、太政官印を盗み取って逃亡したという。忝《かたじけ》なくも人臣として、この上ない篤い寵愛を受け、恩籠がきわまって、遂に禍が満ち、自ら深い刑に陥ることになった。そして又愚かな人民を脅かして手下とし、偶然の勝利を得ようとしている。もし勇士がいて、良い謀によって、すぐさま押勝を討ち除くならば手厚い報償を与えるであろう。また北陸道諸国は、太政官印のある文書を受け取り通用させてはならぬ」（同前掲）

押勝は宇治から近江国へ逃走したが、瀬田大橋が吉備真備の立案した軍略に従って日下部子麻呂、佐伯伊多智《いたち》らが先回りして落としていた。迂回し琵琶湖西の高島へ走り、前高島郡少領の角家足《つぬのいえたり》の家に泊まった。その夜、屋根に隕石が落ちた。

佐伯伊多智らは越前へ先回りして、押勝の息子の恵美辛加知《からかち》を斬った。それを知らない押勝は越前入りを諦めずに塩焼王を偽の帝に擁立した。

後日譚がある。延暦元年（七八二年）、正月十一日、従五位下の氷上真人川継《ひかみのまひとわかつぐ》が反乱を企て武装して御所を襲ったが失敗、逃亡した。三日後に葛上郡で捕らえたが喪に服していた天皇は寛大な処分に留めた。この川継は塩焼王の子である。新田部親王の子・氷上塩焼と聖武天皇の娘・不破内親王（井上内親王の同母姉妹）の間に生まれた男子で、天武天皇の曾孫にあたる。父の塩焼王は藤原仲麻呂の乱で「仮天皇」に擁立され、見事に失敗して斬に処された。

母の不破内親王も称徳天皇を呪詛したとして皇親身分を奪われた。だから称徳天皇崩去後の皇位継承候補ではなかった。川継の野心は収まらず、その天武天皇に繋がる血統の誇りもあって反対勢力を糾合しやすい立場にあった。山上船主も遠島処分、大伴家持、坂上苅田麻呂らは職務を解任された。川継一味と考えられたからだ。連座三十五名。家持と苅田麻呂は同年五月に疑いが晴れ名誉を回復している。二十三年後（延暦二十四年）、川継は罪を赦されて帰京。翌年に従五位に戻った。

閑話休題。真備は兵士数十を愛発関へ向かわせた。関守の授刀舎人の物部広成が見破って押勝軍を退却させた。追い詰められた押勝は船で逃げる。ところが逆風があって再び琵琶湖西岸に上陸、高島郡三尾で激戦となった。そこへ官軍の援軍が到着し、ついに押勝軍は合戦に敗れた。

九月十八日、恵美押勝は琵琶湖で捕縛され、一族郎党ことごとく斬となって仲麻呂の時代は非業の終焉を迎えた。

▲国風に戻った日本のまつりごと

恵美押勝（藤原仲麻呂）の乱から二十二年しても、まだ反乱の記憶は生々しかった。桓武天皇の御代にも藤原仲麻呂の乱を鎮め殊勲の功を成した英傑を賞めた。

坂上苅田麻呂が薨《こう》じたおり（延暦五年＝七八六年）にも桓武天皇は詔した。

「恵美仲麻呂が謀反（七六四年）を起こし、まず息子の訓儒麻呂を平城京に遣わして鈴印を強奪させた。苅田麻呂は授刀将曹の牡鹿嶋足《おしけのしまたり》と共に天皇の詔を受けて直ちに馳せ参じ、訓儒麻呂を射殺した。この功績によって従四位下・勲二等を授けられ、大忌寸《おおいみき》の姓を賜り、中衛少将に任ぜられ甲斐守を兼任した。このことは廃帝紀に記されている（中略）。苅田麻呂の家柄は代々弓馬の事を職とし、走る馬から弓を射ることを得意とした。宮中に宿直し警護をして代々の朝

廷に仕えてきた。天皇は苅田麻呂を寵愛し厚遇して、俸禄とは別に封戸五十戸を賜った」（『続日本紀』、宇治谷孟訳）

「道理に叛いた穢い心の仲末呂（麻ではない）は、詐りねじけた心で兵を挙げ、朝廷を転覆させようとして、駅鈴と内印を奪い、また皇位を掠め取ろうとして、先に捨て斥けられた道祖王の兄、塩焼王を皇位に定めたといった、太政官印を押して、天下の諸国に文書をばらまいて告げ知らせ、仲末呂いわく『今の勅命を承って用いよ。先に詐って勅命といっているものを承り用いてはならぬ』といって諸人の心を惑わせ、三関に使者を送って、ひそかに関を閉じさせ、一、二の国に兵士を差し出すこと求め、兵士を徴発させた。これを見ると仲末呂の心が道に反して、よこしまであることがわかる」云々（前掲書）

仲麻呂は仲末呂に「改名」されており、続きが面白い。仲麻呂は道鏡を斥けようと様々な讒言をしてきたが、かつての激賛ぶりから豹変し、こう言うのだ。

「この禅師（道鏡）の行いを見るに、いたって浄らかで、仏法を受け継ぎ広めようと思われ、朕をも導き下さる我が師を、どうして簡単に退け申せようかと思っていた。ところで朕は髪を剃って仏の袈裟をきているけれど、国家の政治をおこなわないでいることができない（中略）。道鏡禅師を大臣禅師に任ずる。所司はよろしくこの事情を承知するように」（前掲書）

ついで仲麻呂が改悪した官名、位階を悉《ことごと》くもとに戻せと勅した。シナ風呼称への改悪が、国風に戻された。

▲道鏡は極悪人だったのか

北畠親房の認識では、藤原仲麻呂の野心より道鏡のほうに批判の矛先をあてている。『神皇正統記』が言う。

「（称徳天皇が）後に道鏡という法師（弓削の氏人也）又寵幸ありしに、押勝（藤原仲麻呂）いかりをなし、廃帝をすすめ申て、上皇の宮をかたぶけむとせしに、ことあらはれて誅にふしぬ。（淳仁）帝も淡路に移され給て（孝謙）上皇重祚あり」（岩波文庫）

我が世の春が来たのは道鏡だった。

天智天皇の皇子、志貴皇子の御落胤とする説もあるが、信じる人は少数派、弓削は武器をつくる部署であり、先祖は物部系と考えられる。

弓削道鏡の絶頂は五年続いた。藤原仲麻呂が心血注いだ新羅討伐軍の計画は水泡に帰し、国家安全保障は政策的重要性を稀釈させた。

道鏡はなにしろ軍事には疎い唯識論の禅僧でありサンスクリット語に通じてはいたが、国家の基本政策の知識は薄かった。「法王」という高みに登って言いしれぬ美酒と権力に酔い、客観情勢が判断できなくなると墜落は一気にくる。

道鏡は称徳天皇がみまかると自ら陵の番人を務めた。急速に政治力を失い、下野薬師寺別当に格下げされ、その地で死んだ。

道鏡を寵愛した称徳天皇が崩御されたとき左大臣は藤原永手。右大臣は吉備真備だった。称徳天皇は急死だった。三関（不破、鈴鹿、愛発）に使いを送り関所を閉めた。喪期間を一年とし、薬師寺で誦経、高野山稜に葬る。法会《ほうえ》は西大寺。道鏡は山稜に庵をつくり留まった。

朝廷内では道鏡の扱いをめぐって意見が戦わされ、とりわけ批判の急先鋒は藤原永手だった。

道鏡は権力を笠に着て伽藍を修復し乱費したこと、「ひそかに皇位を窺う心を抱いていたが、山稜の土がまだ乾かぬうちに悪賢い陰謀は発覚した。（中略）道鏡の弟の弓削浄人と、浄人の息子の広方、広田、広津を土佐に流した」（『続日本紀』）。

たしかに道鏡は天皇の輿を使い、弟を大納言にまで出世させた。弓削連一門で五位にまでのぼりつめた男女は十名。

崩御から一カ月後に和気清麻呂と姉の広虫を京へ戻した。和気清麻呂がもとの従五位に服するのは翌年三月、そして宝亀五年（七七四年）九月に、従五位宿祢《すくね》から朝臣となる。和気清麻呂が躍進したことも瞠目しておくべきだろう。

白壁王と呼ばれた光仁天皇（天智天皇の孫）が即位し、元号を「宝亀」と改元した。この機に、吉備真備は老齢を理由に辞職を申し出た。しかし受け入れられなかった。右大臣はそのまとされ、中衛大将の任だけ解かれた。

吉備真備がみまかるのは宝亀六年（七七五年）で、天皇は業績を回想し、次のように賞めあげた。

「真備は遣唐使に従って入唐し、留学生として学業を受けた。唐で名をあげた者は真備大臣と朝衡（阿倍仲麻呂）の二人だけである。孝謙天皇が若き日には礼記と漢書を講義した」

天平十一年に藤原広嗣《ひろつぐ》が玄昉《げんぼう》と対立し、左遷されたことを恨み、玄昉と真備を討つために兵を挙げて反乱を起こしたことは述べた。

真備は玄昉の一味だと思われたのだ。乱は平定され、真備は二回目の遣唐使を仰せつかり十八年ぶりに唐へ渡って阿倍仲麻呂と再会した。そして多くの文物を持ち帰った。

帰国後筑紫の伊都城建設、そして東大寺長官となった折に藤原仲麻呂の乱が起きた。真備は兵を分け、三方面に向かわせて逃亡ルートを遮断したことはみた。この指揮と軍略で従三位を授かり、中衛大将、大納言、右大臣と異例の出世を遂げ、八十三歳まで生きた。


光仁天皇の時代に外交的変化の最大級は、渤海国からの度重なる使者の来駕《らいが》である。新羅沖合を避けるため渤海使の船は出羽から越後、能登から若狭へ漂着することが多く、太宰府へ逐一回航して丁寧にもてなし、膨大な土産を持たせた。

競うように新羅からも使節が太宰府へ入り、最初、大和朝廷は朝貢と受け取って歓待した。新羅は次第に図に乗って官位の低い大使がやってきた。態度も横柄、傍若無人の無礼を極めるようになったため新羅使は太宰府で留め置かれ、追い返された。新羅の態度が横柄尊大になった背景には唐が乱れ、安禄山が叛乱を起こし、国土は荒廃し、新羅の脅威にはならなかったからだ。大和朝廷はこの情報を三年ほど知らなかった。情報戦の失態はいまと変わらない。

社会的な出来事は日蝕と地震、隕石の落下、凶作と疫病だった。天変地異と災害対策に振り回された。吉兆として白いカラス、白い鼠、白い猪など地方で発見される度に朝廷に送られた。

筆者は現場を尊重し、可能な限り見て歩くことを鉄則としている。中国、香港、台湾のルポも旧ソ連三十カ国のルポもすべて現地をまわって現場の臭いを嗅ぎ、人々の礼儀作法を目撃して、その基本的な知識を元に書いた。日本でも現場を踏査し、たとえば神武天皇の東征コースは伝説の通りに歩いてみた。史書の評価と現地の評判が天地の懸隔があるケースはよくあることで驚くには値しない。

一貫して悪く言われた吉良上野介《こうずけのすけ》は、代々の菩提寺である愛知県西尾市の華蔵寺《けぞうじ》へ行くと「名君」とされて慕われている。忠臣蔵は上演禁止である。尾崎士郎『人生劇場』は往時のベストセラーだが、「吉良の仁吉は男で御座る」の台詞で有名、その尾崎記念館を訪ねた折に、吉良の菩提寺が近いことを初めて知って華蔵寺へ行ったのだ。

筑紫君磐井は反乱を起こすような悪豪族ではなく、領民に篤く慕われたと地元の史家も博物館の展示も言う。まるで逆である。

そうなると弓削道鏡とて悪魔のように言われるが、地元の評価はどうなっているのか？

下野薬師寺跡と道鏡塚へ出向いた。

ＪＲ自治医大駅は宇都宮の手前、ここで降りて烈風のなか、四十分ほど歩いた。駅前の交番で聞くと丁寧に道順を教えてくれ、まずは道鏡が左遷された下野薬師寺跡へ。

現場に立ってやはり驚かされた。広大な敷地に朱色の建物も復元されているが、この広さは異様、調べると当時、東国最大規模の名刹だった。道鏡が与えられた別当というのは、下野一帯の寺を取り仕切る長官という位であり、たしかに法王からは転落したが、場末の廃寺ではなかったのだ。

道鏡の墓と伝えられる道鏡塚は近くの龍興寺《りゅうこうじ》境内にある。この寺は五回の渡海に失敗し、ついに吉備真備が唐から護衛し日本にやってきた鑑真が開祖した名刹で真言宗だ。道鏡塚は三八メートルの円墳、近年の地質調査の結果、六世紀のものと分かった。盛土しただけの土地に欅《けやき》が林立する場所でしかなく質素だ。これが本当に道鏡の墓なのかは不明だが、案内板には「地元では親しまれた」と明記してある。

道鏡を悪く書いた史書が山のようにあり、また称徳天皇と道鏡が男女の関係で巨根の持ち主だった等と面白おかしく後世の作り話や噂が独り歩きしている。腰を曲げて座ると膝が三つあったとか性豪として後世に造られた伝説がまかり通る。

直木賞作家の江崎誠致に『道鏡』という小説がある（講談社）。東大寺時代から学問にすぐれ、人格円満、寛容かつ鷹揚だったため人から好かれたという意外な人物伝となっている。

仲麻呂は絶頂の頃、「授刀衛《じゅとうえい》」を新たに設けた。皇室の番兵だが、従来の中衛府《ちゅうえふ》、衛門府、衛武士府、兵衛府《ひょうえ》に加え、さらにこれを近衛府と改め長官に女婿の藤原御楯を送り込んだ。道鏡の弟の浄人《きよひと》が、授刀少志として迎えられた。後に藤原仲麻呂が謀反を起こすと道鏡は吉備真備と組んだ過程はみた。真備は太宰府から東大寺司長官として都に復帰した。

僧侶の網は同時に情報網であり、また武力のネットワークだった。仲麻呂の乱を鎮圧後、世に言う「道鏡政権」はできたが、孝謙天皇がひとりはしゃいでいただけで、道鏡を含めて周囲は冷静だった。宇佐神宮の神託に神意を確かめに行かせた和気清麻呂を穢麻呂《きたなまろ》と改名させ、遠くへ左遷したのも天皇であり、道鏡はじつは恬淡《てんたん》としていた。天皇がみまかると周囲は道鏡の出方を注目した。

道教の巨根説なるものは後世の創作である。それも十三世紀だ。建保三年（一二一五年）に源顕兼《あきかね》が編纂した『古事談』が初出で、座ると足が三本あったとか、『水鏡』にも類似の事が書かれている。

それ以前の弘仁十三年（八二二年）に成立した仏教説話集の『日本国現報善悪霊異記』（『日本霊異記』）は「法師、皇后と枕を同じくして交通し、天下のまつりごと相摂し、天下を治め」とあって、ふたりがただならぬ関係だったとした。ここでいう「皇后」は間違いで、称徳上皇（孝謙天皇の重祚）である。

道鏡自身には刑罰は下されなかった。弟の浄人以下、道鏡の権威を笠に着た親戚の多くと浄人の子三人も配流されたものの、六年後に京に戻った。この軽すぎる処分からも道鏡巨根説なるものも後世につくられた悪評であり、真実とは大きな懸隔がある。

▲吉備真備という存在

真備は備中の豪族下道《しもつみち》氏が治めていた真備《まび》で成長し、その卓越した知識、学識によって遣唐使に選ばれ、長安に十七年間留学した。

多くの文書、古文書、仏典などを持ち帰り国事に奔走した。十八年後に再び遣唐使に任ぜられた。帰国船は四隻だったが、不幸にも阿倍仲麻呂が乗った船が難破、漂流し、結果的に帰国できず、しかし吉備真備の乗船した船は無事に奄美大島あたりに漂着した。

真備はシナに染まらなかった。文学、宗教のみならず儒学、歴史、数学、兵法、建築学、天文学、暦、音楽、書道を学んで帰国した。現代風に比喩すると、優秀な選抜のすえフルブライトで留学し、ハーバード大学を首席で卒業してきたような輝かしい経歴となる。だが、日本の国益になる学問だけを吸収して帰国した。岡山県真備町は「まきび公園」「まきび記念館」を設立し、大きな顕彰碑を建立し、町役場前には公の大きな銅像を建てた。町を挙げて祀る。

まきび記念館の園内にある顕彰碑には桓武天皇の詔（延暦三年、七八四年）の石碑がある。

吉備真備が生まれた町は古墳の多い地域である。とくに箭田大塚《やおたおおつか》古墳は横穴式石室があって真備の先祖、下道氏の墓とされる。敷地面積はともかく石室は蘇我馬子の石舞台に匹敵する。巨石古墳は石を組み合わせた複合建築で、明治三十四年（一九〇一年）の発掘調査では須恵器、土師器、刀剣、馬具、金環、勾玉などが出土した。

菅原道真も阿倍仲麻呂も、大いに書かれ、高く深く評価されたが、もう一人の学者、天才にして大政治家だった吉備真備に関して評伝や歴史解説が少ない理由はなにか？　かねてから不思議だった。

通説では、太宰府から復帰したときに道鏡が上役だったたゆえに、一緒くたにされ『大日本史』史観で裁断されたのだ。道鏡が皇位を狙ったという俗説は、面白おかしくした後世の創作であり、称徳天皇崩御後、道鏡は墓守に徹したことは述べた。真実は俗説と乖離している。吉備真備が正統な評価を受けなかったのはかの吉備出身であり、下道豪族の末裔であったがゆえに上層部に警戒されたことが大きい。

吉備地方は造船の木材に良質な森林をもち、はやくから渡来人が集結したため鉄の製造でも知られた。星川皇子《ほしかわのみこ》の反乱がしめすように大和朝廷には時に大規模に反抗した。雄略天皇が平定して、ようやく大和王朝に服属した経過があり、吉備は警戒されたのである。まして真備は吉備の有力なる豪族・下道氏に従っていた。その先祖の古墳は仁徳御陵に匹敵する規模だった。

大和朝廷史観から言えば、大いに刃向かった有力地区出身だから真備は容易には上昇気流には乗れず、大事な場面で左遷された。あまりにも能力が高い、しかし出自が低いため、旧来の貴族からすれば嫉妬の対象、油断したら讒言され遠方へ左遷される。

現に藤原広嗣の反乱の檄文は真備を非難してこう言うのだ。

「下道朝臣真備は辺鄙の伝子、斗しょうの小人なり。海外に遊学して、尤も表短を習ふ。智あり勇あり弁あり権利あり。口に山甫の遺風を論じて意に趙高の権謀を慕ふ。所謂、有為姦雄の客、利口覆国の人なり」

ぼろくそに陰謀家、危険人物だとけなしている。しかしその反乱の主人公・藤原広嗣は鎮圧軍に追われ、斬となった。

真備は恭仁京、紫香楽京造営に辣腕を発揮し、筑前に伊都城を築城して、縄張りの名人とも言われた。二回目の遣唐使として帰国に際しては鑑真を連れてきたことでも知られた。学者出身で右大臣まで登ったのは真備と菅原道真しかいない。帰国できなかった阿倍仲麻呂はふたたび玄宗皇帝に仕えてブレーンの一人となった。

ならば知られていない事実は何か。

宮田俊彦『吉備真備』（吉川弘文館）はこう言う。

「真備の昇進は軍事に関する機会が多い。事績も築城も行軍の法について著しい。唐での学習は『礼記』や『漢書』に止まらず、天文、暦法、音楽、孫子・呉子の兵法等にまで及ぼされたと思われる。但し詩文についてはあまり得意では」なかった。阿倍仲麻呂とは、この点で対比的である。

決定的な人生の別れみちは太宰府から戻された直後だった。真備は東大寺司長官、つまり強者の僧兵を掌握する立場であり、ときに称徳天皇は道鏡を寵遇《ちょうぐう》していた。このタイミングが真備の後の栄達の決め手となる。

藤原仲麻呂鎮圧軍を主導し、軍事作戦を立案に、軍を動員したのは吉備真備だった。

「ただちに三関を固守せしめ、藤原仲麻呂の遁走するであろう要所要所に兵を配置した。その計略はすべて吉備真備の方寸からでて、よく功を奏した」（宮田前掲書）

岡山県倉敷市真備町の町役場前広場には老政治家にして眼光鋭く、愁いに満ちた風情の真備像が屹立し、付近には記念館や公墓もある。吉備真備の墓は奈良教育大学キャンパスの敷地内の墳丘《ふんきゅう》と言われている。

▲道真はなぜ神となったのか

大化の改新ののち、日本のシナ大陸へのあこがれは強固なものとなった。古書、教典、文物を大量に輸入し、また唐人の来日が増えた。

科学万能といわれる現代日本で、受験シーズンとなると幼稚園、小中学、高校、大学を問わず合格祈願に受験生が集まるのは北野神社か、天満宮（天神）である。福岡の中心地名は天神。筆者の家の近くにも天神町があり、やはり北野神社がある。誰をお祭りしているかに興味のある祈願者は少ないが、学問の神様は菅原道真である。

菅原道真自身は漢詩の達人でもあった。漢学の教養が深く、同時に秀逸なる和歌を多数ものにした国風の詩人だった。今日で言えば暢達《ちょうたつ》な日本語を駆使すると同時に、英語とかフランス語で、ちゃんと韻を含んでそれなりのスタイルを踏襲した詩をさらさらと謳うような才能だろう。

菅原道真は詠んだ。

東風《こち》吹かば にほひおこせよ 梅の花
主なしとて 春を忘るな（『拾遺和歌集』）

乙巳の変（六四五年）からちょうど二百年後（八四五年）、菅原道真は菅原是善《これよし》と夫人・伴氏の三男として誕生した。幼少より詩歌の才能を発揮し、十一歳で漢詩を詠み、貞観四年（八六二年）、十八歳で文章生《もんじょうしょう》となる。天才の登場である。

十二年後に従五位下兵部少輔《ひょうぶしょう》、ついで民部少輔、文章博士を兼任。仁和二年（八八六年）讃岐守（讃岐国司）に左遷されたが四年後に復帰した。学問好きだった宇多《うだ》天皇は側近に学識豊かな菅原道真を抜擢した。寛平三年（八九一年）、道真は蔵人頭に補任（天皇近臣中の近臣）。二年後には参議兼式部大輔《しきぶしょう》となった。異例の大出世である。

道真の才能を高く買った宇多天皇（在位八八七～八九七年）は仁和寺の創健でも知られる。仏教に篤く帰依し、和歌を得意とした文化人でもあった。

寛平六年（八九四年）、道真は遣唐大使に任ぜられた。しかし道真は唐の混乱を踏まえて遣使の再検討を建議した。すでに最後の遣唐使派遣から六十七年も経過していた。いまさらの派遣もないだろうというのが大勢の意見ではあった。道真は直截に派遣中止を提案したのではなく建言したのだ。

まずは航海の安全が保障されず、渡航に失敗した数々の例を挙げた。ついで海賊の襲撃にあうこと、唐における滞在費、船の建造費などの巨額出費はそれに見合うだけの収穫がなければならない。阿倍仲麻呂は玄宗皇帝の側近となり、たしかに吉備真備、最澄、空海らが多大な成果を持ち帰ったが、唐の衰退とともに「持ち帰るほどのもの」は少なくなっていた。渡海するごとに持ち込まれる伝染病に振り回された。これらの例を挙げて菅原道真は「遣唐使」の中止を言った。

道真はあまりに有能であったため周囲の嫉妬を買い、太宰府に左遷される。これを宇多天皇の不手際とするのが頼山陽である。


「菅原相公の貶せらるるや、世は専ら藤原時平を咎め、讒臣を称するに、必ず以て称首となす。(中略)外戚、政を専門にせしより、これに類いするもの多し。独りとき、ひら、のみならざるなり」(岩波書店『日本思想大系49、頼山陽』)

宇多天皇が背景にあって道真を左遷したのだ、と前後の経緯を述べ、「故に菅公の貶を致すは、宇多に非ずして誰ぞや」と頼山陽はきびしく宇多天皇を批判した。

その後、宮中を襲った数々の凶事は道真の祟りと懼れられた。延長元年（九二三年）道真は官職を追複され、正二位。没して百年後に神となって天皇が詣でた。

かくして聖徳太子の遣隋使派遣から菅原道真の遣唐使派遣中止建言まで、およそ三百年、日本は隋、唐の出来事に振り回されたのだった。

エピローグ　知が栄え、智は亡びる

▲戦後の歴史書は退屈になった

書店に並ぶ歴史書、とりわけ古代史の分野は内容がカタくて退屈なものが多い。百人百様に推理小説を組み立てているようだと林房雄が痛烈に批判したものだが、古代史解釈は「一人一党」の雰囲気がある。

強烈な感動を呼ばない理由は民族の精神と浪漫を失ったからで、歴史学者に愛国心が希薄なのかと思うことさえある。

ひたすら知識をひけらかし、文献を独自に解釈する。『日本書紀』ではこうだが、『旧事本紀』や『藤氏家伝』では違う記述があり『続日本紀』はこうなっているという文書を基軸としての学術的推量で競いあう。それが現代日本の古代史研究で第一線に立つ学者たちである。したがって手垢が付いた第一次資料の解釈をひねるのが学問の主流となる。

語彙の相違とか中国、朝鮮の史書と比べて、その矛盾を突く手法が普遍的となって大流行した結果、「卑弥呼は誰か?」、「邪馬台国」探しの熱狂的ブームに繋がった。

前提の作業はと言えば、『日本書紀』のあら探し、それも中国の史書との乖離、矛盾を日本側の問題として集中攻撃をなす。『魏志倭人伝』、『漢書』、『魏略』、『宋書』等が金科玉条であって『愚管抄』、『神皇正統記』、『中朝事実』、『日本政史』、『大日本史』など我が国の先人たちの歴史書には目もくれないのである。これは衝撃である。

もっとも現代経済学とて欧米理論の亜流が多く、外国人の経済学に沿って論考しているが、足下の石田梅岩などを読んだ形跡がない。

この態度は外国崇拝という間違った考え方、あるいは強迫観念から来ている。戦後はアメリカの学説を新風としてやたら力説する、たとえば〝新資本主義〟などである。政治を見ても改憲派は右翼と貶され、大店法や郵便、鉄道、水道の民営化など米国の法律植民地になり下がっている現実をむしろ政府とメディアが推奨するのだ。ことほど左様に国籍喪失ぶりは度しがたい。

最近の歴史学、とくに古代史の学者の書物を読むと、かれらは『古事記』、『日本書紀』は読んでいるが、『神皇正統記』などを読んでいないことが分かる。

「そもそも肝心の読者や批評家の教養のうちに、『古今集』や『新古今集』が存在していないのであるから、壁に向かって物を言うのと同じ結果」であると三島由紀夫は痛切に学者を批判した(前掲『古典文学読本』)。

歴史学者もまた外国文献を優先させ、我が国の歴史書を軽視するのだから、まさに「壁に向かって物を言う」ようなもの。日本人学者の脳幹は外国文献ファーストとなり、祖国の後進性を強調する作業に生きがいを見いだすことに熱中した。本末転倒である。

明治維新以後の近代化という強迫観念、文明開化は伝統的日本の価値観をぶちこわした。

島崎藤村が『夜明け前』で「すべて、すべて後方になった」と嘆じた。

六世紀の仏教の伝来は日本的価値観を稀釈化し、外《と》つ国の文化・文明を讃仰する風潮を生んだ。『日本書紀』は蘇我氏を崇仏派と書いたが、『藤氏家伝』では蘇我氏を斃《たお》した中臣鎌足が神祇官であり神道信奉者であったにもかかわらず仏教を理解したと後知恵が加筆された。鎌足は藤原家の始祖なのだから不比等ら末裔たちが評価替えを作為したことになる。

鳥羽伏見で戦端を開き、甲斐《かい》、会津若松、函館と二年にわたった戊辰戦争ののち尊皇攘夷を呼号していた維新の志士らは百八十度転換し、西欧に憧れ、御雇外国人を受け入れ、鹿鳴館で踊った。

武士の魂魄がこもった日本刀も、伝統の精神を籠めた日本画も顧みられず棄てられ、むしろ芸術性と美を見いだした外国人が大量に買い付けて持ち去った。江戸の日本の芸術の粋はロンドン博物館やNYメトロポリタン美術館へ行かないと鑑賞できないという皮肉な現象、自国を遅れた国だと誤認し、追いつけ追い越せが国家目標となった。さいわい明治政府は富国強兵を国是として自衛力を高めたが、戦後の日本は富国弱兵だった。

天智天皇は百済へ出兵し、敗走するや各地に防衛の砦、城を築城し防人を制度化し、国防を強化した。

壬申の乱で政権を掌握した天武天皇は軍事がまつりごとの要という見識があった。明治政府にも戊辰戦争を戦った戦場経験から国防の基本認識はあった。

ペマ・ギャルポは『中国が仕掛ける東アジア大戦争』（ハート出版）で次のように指摘してい

る。安倍元総理の国葬を非難した社会現象を踏まえての発言である。

「打破しようとした戦後レジームの問題点なのだが、今の日本社会が、たとえ立場は変わっても、偉大な人物を尊敬する思いが薄れてきているのではないだろうか。またさらに言えば、偉人を尊敬する思いとは、人間社会を超えた神仏の存在を敬う心と共通したものである。人間は弱い生き物である。だからこそ私たちは強くあろうとし、何事かの理想を成し遂げようとした人への敬意を失ってはならない。それは現世において充分報われることが無く、非業の死を遂げて終わったとしても、神仏からは報われ、讃えられる存在なのだ。戦後日本はこの宗教観を失ってしまったことで、自由や民主主義を、命を懸けて守るべきものだという意識も失ってしまったのである」

▲歴史では「1＋1＝α」だ

科学では1＋1＝2だが、歴史では1＋1＝αである。

トロイの木馬はフィクションと言われたが、シュリーマンが神話通りに歳月かけて歩き回りトルコ海岸部で発見した経緯は冒頭でもみた。

ヴィクトリア瀑布にしても、巨滝の存在は地元民が昔から日常生活の風景として認識していた。ところが西洋人が「発見」したら世紀の大発見となる。ただしリビングストンはアフリカ大陸横断を二回も試みた大探検家であることに間違いはない。

神話に出てくる場所の認定は、瓊瓊杵尊がいったいどこへ天孫降臨したか。秦始皇帝が徐福に命じて長寿不死の薬剤を求めさせたが、その上陸地点は日本のどこだったか？

瓊瓊杵尊の天孫降臨は高千穂説と霧島連峰説のふたつが有力候補地だ。高千穂には天安河《あまのやすが》原《わら》、天岩戸神社があって近くに高千穂神社が創建されている。

霧島神社がもっとも有力な候補地で、参道には徳富蘇峰《そほう》が揮毫《きごう》した石碑に「神聖なる降臨の地、乾坤定位の時、煌々たる至霊の気、万世の皇基を護る」と刻印されている。現代語に訳せば、「高天原から瓊瓊杵尊が降臨された霧島の峰、これにより天地が定まった。この地は光り輝き霊気に満ち、永遠なる皇統伝統を守護している」。

じつはもう一つ天孫降臨の候補地とされるのは常陸の日高見国である。理由はタケミカヅチを祀る鹿島神宮が茨城県鹿島市に、フツヌシを祀る香取神宮が千葉県香取市にあるからだ。両神は天照大神の命を受けて出雲におもむきオオクニヌシから国譲りを受けた。

田中英道『日本と中国　外交史の真実』（育鵬社）のなかで、「徐福伝説は日本各地に残るが、日本に不老不死の薬があるとして秦の始皇帝が三千人の使節団を派遣した。孔子の時代からシナ人は知っていたのだ。日本は『道のくに』であり、道徳が高く、そのうえ長寿の国であることを」と言っている。

紀元前三世紀から日本への渡来ブームがあったことになる。

徐福の来日は『神皇正統記』第七代孝霊天皇の条項にも、「モロコシノ周の国、滅して秦にウツリキ。（中略）長生不死の薬を日本に求む」とある。

徐福上陸地点は和歌山県新宮市のほかに佐賀県の浮盃《ふばい》、鹿児島県串木野、京都府伊根など十七カ所。昔から有力と言われた新宮には徐福公園が整備され、浮盃や伊根にはそれらしき神社がある。場所が確定されていないのも秦始皇帝は実在したが、日本は無文字時代だったから証拠文献がない。まして徐福が本当に日本にやって来たとするなら、その三千人という大規模な使節団はまるごと日本への亡命ではなかったのか（当時の造船技術を勘案しても、せいぜい三百人だろう）。

日本人と外国人、とくに中国人との間に「大義」の認識には彼我の差がある。陸軍参謀、戦後国会議員となった辻政信は「中国人は大義ということが何か理解できない」と訓諭した。

大義が理解できなければ、中国政府が戦争に打って出ても兵士が国のために死ぬという発想は絶対に生まれない。日本軍に督戦隊はない。シナ兵は後退すると後ろから撃たれる。トーチカに残留する兵士は砲を死守せよと足を鎖で繋がれるから逃亡ができない。それがシナの戦争の遣り方で、林子平が『海国兵談』で指摘した通りである。

その中国史ですら時折、面子、威信を貫く意志強固な人物がでる。明代の思想家・方考儒《ほうこうじゅ》がその例外の典型である。

「恵帝に仕えていて、永楽帝が乱を起こすと永楽帝討伐の檄を書いた。しかし永楽帝が即位すると、その名声もあって即位の詔書を書くことを命ぜられるんですが、方考儒は拒絶して磔刑に処せられ、一族八百四十七人も死罪になった」と石平が指摘すると、高山正之は「永楽帝が帝を継ぐときに『それはあなたの天命ではない』と忠告した。『人の帝位を奪った』というわけです。すると永楽帝は『なにを生意気な』と、方考儒と家族一同を殺してしまう。こんな乱暴な話はありません」と応じた（高山正之・石平『核大国は氏素性の悪さを競う』、ワック）。

ところがこれを中国は美談として語っているから目がテンになる。

大義に殉じたというわけで、かの国の歴史ではあまりにも稀有の事例だけに、しかも大義がないがゆえに美談として成立する。

この点で大義のために殉じた日本の英傑は楠木正成ら数え出すと際限がない。水戸学の『大日本史』は大義を基軸に歴史をふり返った。

小林秀雄は『本居宣長』の刊行直後に講演に呼ばれ、「私がやったのは、宣長さんの著作を誰よりも丁寧に読んだだけだ。すると、先行の研究者達が読み飛ばした大事なものが見えてきた。それを書いたのだ」と言った。

小林秀雄は当時の思想界を席巻していた歴史の必然的進歩論を根本的に懐疑し、因果の法則に随順《ずいじゅん》して歴史が展開するなどというのは思い上がった史観だと批判した。

戦前から日本のいわゆるインテリは唯物史観にどっぷりと染まり、明治維新は絶対王政かブルジョア革命かなどと頓珍漢な議論を羽仁五郎や家永三郎らが展開していた。今日このようなふやけた論争をかえりみる読書人は少ない。戦後持て囃《はや》され、インテリが夢中になった「実存主義」なるものも、「ポストモダン」もどこかへ消えた。

近年、従来説を転覆させる考古学、文化人類学上重大な古代遺跡が次々と出てきたことはプロローグで述べた。日本だけではない。考古学が旧弊に浸かっていた歴史学を画期したのだ。

誰もが知っているエジプト『王家の谷』のツタンカーメンとて発見は僅か百年前、一九二二年十一月のことだ。カーナボン卿の資金援助を受けた考古学者のハワード・カーターが地元民の伝承を元に、偶然発見に至った。

世界史で最古の宮殿はギリシアのアクロポリス、ペルシアの古代宮殿ペルセポリス、イラクのバビロンなどと教わってきたことも覆った。

現在、後期高齢者となった団塊世代が学校での世界史で「ピラミッドが人類最古」と教わったはずである。ちなみにシュメールのウル遺跡は六千百年前、三内丸山と英国ストーンヘンジは五千～五千五百年前、モヘンジョダロは四千六百年前。ピラミッドは四千五百七十年前である。

メソポアミア文明が開けたユーフラテス河とチグリス河に挟まれたトルコ南東部、シリアとの国境に近い不毛の丘から「ギョベクリ・テペ宮殿」が発掘された。この大発見は一九六三年だった。本格的な発掘は一九九六年からで三層からなる遺跡は最古のものが一万二千年から一万三千年前と推定されたのである。

主力の大宮殿は八千四百～九千五百年前の建物だった。ウルファマン（世界最古の石像）や獣を背負う男の石像など出土品の夥だしさに世界の考古学者は息をひそめた。

かくして古代の世界史は常に書き換えられる。日本の古代史もまた――。

古代史の謎への挑戦はこれからも続く。

古代における新羅出兵、百済支援の経緯

○任那府は日本の拠点（鉄塊、交易）、フェニキアにおけるカルタゴの役割を担った。
○崇神天皇時代から朝鮮半島と往復が拡大し、雄略天皇時代に本格化。
○伝染病が蔓延し、国民の半分が死んだ（聖武天皇は四回遷都）。
○継体天皇六年（五一三年）、大伴金村が任那四群を割譲。それまでにも数次の出兵。
○これらを『日本書紀』は神功皇后の条に一括した。

＊

○聖徳太子（推古十年／六〇二年）同母弟の来目皇子に二万五千の兵。新羅へ派兵準備。
○筑紫で来目死去、後任の麻呂子皇子は妻が播磨で死去。派兵実現できず。
（六〇四年、隋では煬帝が政権を掌握）
○「日出ずる処の天子、書を日没する処の天子に致す。恙なきや」と最初の遣隋使。
（六一八年、煬帝誣いられ、三年後、聖徳太子死去）
○この間、物部氏が滅ばされ、蘇我の全盛期。山背兄皇子殺さる。
○蘇我氏の全盛は稲目、馬子、蝦夷、入鹿で百年間、六人の娘を皇族の妃・賓・夫人に。
○親中、崇仏路線、渡来人重視という危機感が「乙巳の変」。蘇我宗家滅びる。

＊

○天智天皇の百済救済派兵と白村江の敗戦（六六三年）、そして撤収。
○一四〇隻が前軍、ほかに中軍、後軍にわけ、半島南部へ出航。
○中軍が海戦で敗退。二千百名を収容し帰国（七百名が百済高官）。

○天智天皇への批判が渦巻き、壱岐、対馬、筑紫に防人、防塁構築。
○太宰府に水城、山城、海岸防塁。難波まで合計二十二の砦、城を構築し、近江へ遷都。
○真実は唐、高句麗、新羅に日本侵攻の余力はなかった。むしろ日本に朝貢してきた。

＊

○天智天皇が崩御、大友皇子（後の弘文天皇）の親唐路線の弊害。
○渡来人を重視し百済の高官五名が廟議に参加（百済亡命政権の趣き）。
○新羅征伐軍の派遣を検討していた。大海人皇子が蹶起し「壬申の乱」勃発。
○大友は漢詩しか残さず、唐風に陶酔。豪族の不満が昂じていた。

＊

○藤原仲麻呂（恵美押勝）の独裁と崩壊。
○天平宝字二年（七五八年）、仲麻呂が右大臣。孝謙天皇と親密、淳仁皇太子を自邸で育てる。
○藤原仲麻呂は蘇我がなしたと同様の手段で独裁体制を構築。
○天平宝字三年（七五九年）、新羅征伐を計画（安史の乱に乗じて、五〇〇隻建造命令。事実三九四隻が完成）。四万余を動員。
○百済王豊璋の帰国に五千の兵をつけて護衛、大量の武器供与（弓矢一〇万本ほか）。
○天平宝字六年（七六二年）、伊勢神宮、香椎宮に勅使。出撃寸前だった。直前の中止はは飢饉、疫病が原因。
○仲麻呂、周囲から恨まれ、天皇は道鏡を寵用したため、反乱を企てる。
○朝廷側の吉備真備の対応が早く、瀬田大橋を落とされ、琵琶湖北から越前に向かうが、高島で補足され一族三十四名が斬。
○宮廷のシナ風陶酔が国風に傾斜しはじめた。

古代から中世にかけての重要年表

年（西暦）	日本の主な出来事	シナと朝鮮半島の出来事
57	倭国奴王、後漢に入貢、金印授与	
147	倭国大乱とシナ書に曰く	
239	卑弥呼が魏に使い	（285頃）魏志倭人伝なる
350頃	ヤマト王権統一すすむ	（344頃）百済
391	日本、百済・新羅を破る	
404	高句麗と戦う	（414）好太王碑に記録
478	雄略天皇、シナに使い。以後断交	
507	継体天皇、樟葉宮で即位	
512	大伴金村、任那四郡を割譲	
513	百済から五経博士来日	（534）北魏、分裂
527	筑紫君磐井の乱	
538	仏教が伝わる	（552）突厥が成立
562	任那府、新羅の攻撃で滅ぶ	
587	馬子、物部守屋を滅ぼす	（581）隋王朝成る
592	馬子、崇峻天皇を暗殺	
593	聖徳太子、摂政	
603	冠位十二階制度の導入	
604	十七憲法	（605）隋の煬帝、運河工事開始
607	小野妹子と隋へ派遣	（618）唐王朝成立
630	初回の遣唐使	（626）貞観の政治が始まる
643	蘇我入鹿、山背兄王子を葬る	
645	乙巳の変（大化の改新始まる）	
658	阿倍比羅夫、蝦夷地遠征	（660）百済滅亡

663	白村江の海戦に敗れるも、以後、高句麗、新羅が日本に朝貢	
667	天智天皇、近江大津京へ遷都	（668）高句麗滅亡
672	壬申の乱	（676）新羅、半島を統一
689	飛鳥浄御原令	（690）則天武后が即位
694	持統天皇、藤原京遷都	（698）渤海国が成立
701	大宝律令	
708	和同開珎	
710	元明天皇、平城京へ遷都	
712	古事記が成立	（712）唐に玄宗皇帝
718	藤原不比等、養老律令	
720	日本書紀が成立	
727	渤海使が初来日	
729	藤原四兄弟、長屋王を誣いる	
740	藤原広嗣の乱	
752	東大寺建立	
754	吉備真備が鑑真を帯同し帰国	（755）安史の乱
764	藤原仲麻呂の乱	
765	道鏡、太政大臣禅師	
784	桓武、長岡京へ遷都	
794	桓武、平安京へ遷都	
804	最澄、空海ら遣唐使に加わる	（875）黄巣の乱
894	菅原道真、遣唐使中止を建言	
	漢詩にくわえて和歌が隆盛	
901	菅原道真、太宰府へ左遷	
905	醍醐天皇期。古今和歌集。国風が本格化	

【著者略歴】
宮崎正弘(みやざき・まさひろ)
昭和21年、金沢市生まれ。早稲田大学英文科中退。「日本学生新聞」編集長などを経て「もう一つの資源戦争」（講談社）で論壇へ。以後、作家、評論家として多彩な執筆活動を続ける。中国問題、国際経済にも詳しい。神話、古代史でも現地踏査を重視した『こう読み直せ！　日本の歴史』（ワック）、『一万年の平和、日本の代償』『神武天皇「以前」　縄文中期に天皇制の原型が誕生した』『歩いてみて解けた「古事記」の謎』（以上、育鵬社）、『歪められた日本史』（宝島新書）、『徳川家康 480年の孤独』（ビジネス社）などがある。

間違いだらけの古代史

発行日　2023年３月10日　初版第１刷発行

著　者　宮崎正弘
発行者　小池英彦
発行所　株式会社　育鵬社
〒105-0023　東京都港区芝浦1-1-1　浜松町ビルディング
電話03-6368-8899（編集）　http://www.ikuhosha.co.jp/
株式会社　扶桑社
〒105-8070　東京都港区芝浦1-1-1　浜松町ビルディング
電話03-6368-8891（郵便室）
発　売　株式会社　扶桑社
〒105-8070　東京都港区芝浦1-1-1　浜松町ビルディング
（電話番号は同上）
本文組版　株式会社　明昌堂
印刷・製本　タイヘイ株式会社印刷事業部

ISBN 978-4-594-09350-1

本書のご感想を育鵬社宛てにお手紙、Eメールでお寄せください。
Eメールアドレス　info@ikuhosha.co.jp